天地出版社 | TIANDI PRESS

图书在版编目（CIP）数据

成功，不需要完美 / 崇安，胡霞著. —成都：天地出版社，2014.1（2019.12重印）
ISBN 978-7-5455-0898-7

Ⅰ. ①成… Ⅱ. ①崇…②胡… Ⅲ. ①成功心理学—通俗读物 Ⅳ. ①KB848.4-49

中国版本图书馆CIP数据核字（2013）第079187号

CHENGGONG BU XUYAO WANMEI

成功，不需要完美

崇安　胡霞　著

—— 阅读 · 成长 ——

出品人　杨　政

责任编辑　范　勇
封面设计　叶　茂
电脑制作　跨　克
责任印制　田东洋

出版发行　天地出版社
（成都市槐树街2号　邮政编码：610014）
网　　址　http://www.tiandiph.com
电子邮箱　tianditg@163.com

印　　刷　山东省东营市新华印刷厂
版　　次　2014年1月第一版
印　　次　2019年12月第三次印刷
成品尺寸　146mm×210mm　1/32
印　　张　8.75
字　　数　133千
定　　价　32.00元
书　　号　ISBN 978-7-5455-0898-7

咨询电话：（028）87734639（总编室）

上帝是一位精明的商人，他给你一分天才，就给你好几分困难！

目 录
CONTENTS

不为失败找借口

只为成功找方法……

罗斯福　在磨难中行进

1921年夏天，罗斯福全家在坎波贝洛岛休假，这个39岁的男人智慧、干练、胸怀宽广、身负众望，似乎什么都无法阻挡他迈上政治巅峰的脚步。然而他在这次旅行中遭遇意外患上了脊髓灰质炎症。

高烧、疼痛、麻木以及终生残疾的前景，足以让绝大多数人堕入沮丧失望的深渊。罗斯福差一点就要放弃自己的理想和信念，全家人都担心他会一蹶不振。沉默数月之后，他终于战胜自我，重新确定了人生努力的目标——从政。此后，他坚持不懈地锻炼，逐步恢复了行走和站立能力。由于他乐观对待疾病，他所在疗病的佐治亚温泉被众人称之为“笑声震天的地方”。

罗斯福最终拄着双拐重返政坛，并在1928年成为纽约州州长。在竞选中他告诉人们：“一个州长不一定是一个杂技演员。我们选他并不是因为他能做前滚翻或后滚翻。他干的是脑力劳动，是想方设法为人民造福。”政敌们常用他的残疾来攻击他，这是罗斯福终生都不得不与之搏斗的事情，但是他总能以出色的政绩、卓越的口才与充沛的精力将其变成优势。

1933年，残疾人罗斯福终于以绝对优势当选美国第32届总统。

每当人们缅怀在反法西斯战争中，为取得决定性胜利而做出过伟大贡献的历史人物时，就必须要提到二战中同盟国的三巨头之一，时任美国总统的富兰克林·罗斯福。

谁能想象得到，这个能把不可一世的希特勒、东条英机和墨索里尼永远钉在历史的耻辱柱上，破天荒四次当选美国总统的人，居然是一个残疾人。命运的死神虽然与他年轻的躯体擦肩而过，但罗斯福并没有因之退缩，为实现人生理想和伟大的信念，他因此要比正常人付出更为艰辛惨重的代价。要想成为时代的风云人物，必然要面对并战胜种种难以想象的困难。与众不同的是，罗斯福首先要战胜的敌人是自我，即给自己带来种种不便的残躯。这对他来说，不能不说是一种人生最大的遗憾。

罗斯福1882年生于美国纽约，为名门后裔，其曾祖父为银行家、实业家、政治家，家族前辈西奥多·罗斯福为美国第二十六任总统。出自有名的富贵之家，青少年时代的富兰克林·罗斯福，可说是得天独厚，一直受到良好的熏陶和教育，幸福茁壮地成长。22岁毕业于著名的哈佛大学，其后又转至哥伦比亚大学法学院深造，25岁进入华尔街的律师事务所，27岁当选纽约参议员后便开始了他的从政生涯，31岁成为美国海军助理部长。

在此之前，罗斯福不仅在生活事业上一帆风顺，而且还获得了他从政生涯中不可缺少的贤内助，那就是后来成为美国第一夫人的安娜·埃莉诺·罗斯福。

人无千日好，花无百日红。正当罗斯福春风得意之时，他遇到了从政的第一次重大挫折。1920年对于罗斯福来说是一个不祥的转运之年，在该年的总统选举中，他与詹姆斯·考克斯搭档，任民主党副总统候选人，被共和党候选人哈定·柯立芝击败。

政治上的暂时挫折总可以战胜，这一点，罗斯福深信不疑。1921年罗斯福回纽约重操律师旧业，并担任金融机构的高级职员。谁知，更大的厄运还在后头等着这个未来的政坛巨人。

罗斯福与生俱来对大海就有着热烈的向往，他家在坎波贝洛岛上建有别墅，夏天，罗斯福家族就在此观览芬迪湾海上的激浪，呼吸带有大海咸味的凉爽湿润的空气，或驾船去闯荡一望无际的蓝色海洋，以打发炎热的夏天。

1921年8月10日，罗斯福与家人同乘“维力奥”号单桅小帆船驶向大海。归途中，只见别墅旁的一个小岛的丛林中冒起了烟火。罗斯福赶紧把船驶向小岛，一家人奋勇向林火扑去，手执扫帚、铁铲和船上的坐垫，一个劲地扑打，经过两小时的奋战，野火终被扑灭。这时，全家人已成了烟灰人，汗水湿透了衣衫，酷热难耐的罗斯福，不顾后果地跳进了芬迪湾的海水，想痛痛快快地洗个澡。谁知，此时的海水冰凉刺骨，寒气逼人。罗斯福赶紧上岸，可惜为时已晚。

当夜，他感觉双腿麻木酸痛，身上冷得发抖，高烧持续，身体已不听使唤，浑身疼痛麻木。后经诊断才知道是患了脊髓灰质炎。

患此症者无一例外都成了残疾人，这对于一个志在政坛上叱咤风云的雄狮来说是意味着什么？不言自明。

一时难以康复，卧床不起，凡事皆需人照料的罗斯福几乎绝望了。一连好多天，他躺在床上，不吃不喝，面如青灰。他无法想象自己今后的前景，也不知道自己的人生之路在哪里。家里的亲人看到他如此消沉，暗中抹泪，却又强打起精神来安慰他、鼓励他。

也许，天性倔强的罗斯福，心底里蕴藏着对不公正命运的强烈抗争的情愫。而这种情愫需要合适的时机来激发。

罗斯福的父亲，一位信念坚定的老人，激发起他的抗争精神，他面无表情地问罗斯福：你愿意让上帝抛弃你吗？“上帝你不能抛弃我！”，罗斯福发出了心底里不甘的心声。他坚强的个性，立志要济世救民的远大抱负，终于使他战胜了命运中这一沉重的打击。罗斯福逐渐恢复了生气，并积极配合医生，把体能恢复到一个脚有残疾者的最佳程度，为此，他付出了极大的努力。

聪明睿智的人，面对人生的巨大不幸，他往往能采取与众不同的最佳处理方法，以求得最大的解脱。当时，罗斯福既然已残疾了，家人自然要为他今后的前途打算。母亲认为儿子的政治生涯已经结束，应当退隐去过平静的绅士和作家的生活。妻子埃莉诺最了解自己的丈夫，对于一个心比天高的人来说，若取退隐之路，无异于慢性自杀，她坚决支持丈夫从政。因为身处美国这样不拘一格的社会，罗斯福意识到有头脑的残疾人，从政就是最好的出路，从政最佳的本钱是智慧，而不是体力。

事实证明，坚持从政的抉择，不仅使罗斯福战胜了残疾及其难以克服的心理障碍，还把他磨打得更加坚毅老练。最终，进入了白宫并成为连任最久的美国总统。

当然，不幸给他造成的障碍既有积极的影响，也有不利的因素，首先，残疾使他从一个浮华的贵族变成了同情和理解苦难者的人道主义卫士。从20世纪30年代开始，人类社会就步入了一个空前的灾难时期。而首先适应了灾难的罗斯福，在此前就力图要帮助那些不幸的人们。

1926年，罗斯福倾巨资，买下了佐治亚西部的一处温泉疗养地，并成立了非盈利性的温泉基金会，专门接收来自全国各地的小儿麻痹症患者。经几年的努力，温泉疗养地成了病残者身心康复的乐园，这个治疗研究中心，使罗斯福获得了慈善家的美名。为其当选总统奠定了十分重要的基础。

另一方面，社会的苦难也使得罗斯福有时间去冷静思考当前现实面临的种种危机。

1933年，罗斯福就任总统时，可说是美国社会最糟糕最令人恐慌的混乱时期。时逢经济大危机，大量银行倒闭破产，股票一文不值，工厂纷纷关闭，无数的饥饿失业者在垃圾堆中寻找食物……

面对危机，新任总统大刀阔斧地进行改革，在新政下，金融秩序恢复了正常，农民的经济状况得到改善，就业人数逐渐增加……经济的复苏使他获得了竞选连任的最大资本。一个残疾人要医治这个不正常的社会，要比正常人付出加倍的智慧和气力。

例如，在1936年的一次竞选演说中，雨在连续不断地下，在儿子的搀扶下，罗斯福拖着僵硬的下肢，在攒动的人群中穿行，突然一下失去平衡，右腿的支架松脱了，幸好眼疾手快的特工一把将他扶住，才不至于摔倒。要不然，这很可能就是导致连任总统失败的一跤。因为健康问题会直接影响到选民投票的信心，也是政敌最希望抓到的口实。

改革的结果使罗斯福在竞选连任中获得大胜。国内经济的继续恢复和发展，事实上便奠定了同盟国最终战胜法西斯轴心国的物质基础。在罗斯福二次执政的时期，二次大战的烟火几乎燃遍了全球。但是奉行孤立主义的美国人，最初并不愿意为拯救别人的灾难而作出牺牲。罗斯福深知战胜“法西斯瘟疫”的最好办法是结成同盟，他为此一直在同孤立主义进行巧妙的斗争。直至1941年日本偷袭珍珠港，几乎全歼美国的太平洋舰队，美国人民空前团结，同仇敌忾，义无反顾地投入这场惨绝人寰的世界大战。事实也再次证明了罗斯福那种利人才能利己的哲学和预见。

为了彻底地打败凶残的法西斯，罗斯福打破常规获得了三次连任，这也需要过人的勇气和魄力。如果没有无坚不摧的信念，就是在体力上，孱弱的罗斯福也难以支撑繁重的国事活动。当时他要远涉重洋，与同盟国首脑频繁磋商战时要略。美国之所以能抢在纳粹德国之前造出威力无比的原子弹，其中一个重要原因就是在大西洋会议上，罗斯福与丘吉尔达成了美英互通研制情报协议的结果。

除此之外，他还不断地深入到前线去，对年轻的战士们进行鼓励和慰问。当1943年从北非归来，罗斯福明显地苍老了，战时的过度劳累，已损害到他身体的健康。尽管如此，总统仍在同他的将帅们运筹帷幄，指挥着太平洋、大西洋各区域的战争，支撑着他那衰弱身躯的动力，就是不时从备战区传来的捷报。

当他借参加德黑兰会议，顺路去西西里岛视察部队和看望部队伤病员后，又迎来了四年一度的总统大选。罗斯福感到这次挑战将比历次竞选的形势更加严峻，他有时也确实感到力不从心，就像过去一样，政敌会再次抓住他的残疾和健康状况大做文章。然而，一旦想到要领导人民去夺取反法西斯战争的彻底胜利，去实现真正持久的和平，罗斯福就毅然打消隐退去安度余生的念头，就像在战场上一样，他要最后使尽所有的力量去粉碎敌人。

当时，他的政敌放出谣言，说罗斯福的身体已经垮台，还患有心脏病，还广为散布歪曲他形象的照片，让人们认为罗斯福已变成了一个形容枯槁的衰弱老人。尽管罗斯福此时确有身体虚弱的迹象，为了迎接这些挑战，他跨越太平洋去巡视珍珠港，回来后又到海军造船厂向工人们发表演说。当人们聆听到这熟悉而又极富感染力的声音似乎有些颤抖时，亲密的战友们担心他难以再次竞选了。事实也如此，演说进行中，他两腿的肌肉就剧痛无比，钢支架深深卡进了足踝浮肿的肉里。罗斯福就是这样忍着剧痛，坚持到结束他的演讲。

为了消除这次演说给他带来的负面影响，罗斯福决定到各地作巡回竞选演说。在无比坚强信念的驱使下，这次巡回竞选取得了奇迹般的效果，广大的美国选民再度为罗斯福的睿智才华和坚毅的精神所征服，他们不再注意总统的健康，只感到他是唯一能带领人民将航船驶向胜利彼岸的舵手。尤其是罗斯福1944年9月23日在卡车司机国际兄弟会上发表的演说，他气势如虹，充满胜利的激情感染了所有的听众，人们觉得他比历次竞选更为精力充沛，更令人信赖，而绝不是一个疲惫不堪的衰弱老人。

事实上，这时罗斯福腿部和臀部的肌肉已经失去弹性而僵化了，按亲友们看来，他不可能重新站起来走路了。但是坐着轮椅去竞选或参与国务活动，这就意味着失败。罗斯福再次穿戴上使他疼痛难忍的腿支架。

进入10月，已到了竞选四次连任的最后关头。21日，罗斯福将前往纽约对外政策协会发表演说，顺便巡视所有的市区，让选民们亲眼目睹总统的强大和智慧。可惜天不作美，当天阴风惨惨，细雨迷蒙，医生和夫人都力劝他取消行程，或者是不坐敞篷汽车。但罗斯福却认为这种冒险正是可取得决定性胜利的良机。当广大选民看到总统如此镇定无畏，壮心不已，就已知道：二次大战的苦难即将结束。

罗斯福就是这样冒雨乘着敞篷汽车，来到了布鲁克林的海军造船厂，然后又穿过冒雨等候的欢迎民众驶向各个市区。人们的欢呼声振奋了总统的精神，那无数窗口打出的欢迎彩旗，使他感到心花怒放，寒冷和疲倦抛到九霄云外。乘着激情汹涌，当晚他发表了平生最为震撼人心的外交政策演说。

失败并不可怕，放弃战斗才是最大的遗憾，四次连任总统之后，罗斯福的要务当然是要尽快地结束战争。1945年1月，他又冒着刺骨的寒流，前往黑海克里米亚半岛的雅尔塔。在这里，同盟国三巨头举行会议，将最后决定战争的进程，并重新划分东西方阵营的势力范围。在最后参加的这次极为重要的国际会议上，罗斯福极尽外交机敏之能事，他时而雄辩，时而妙趣横生。长时间的会谈和外交应酬，往往弄得他精疲力尽，只有想着即将到来的最后胜利，才能使他一次又一次地恢复了活力。

遗憾的是，上苍还是未能使罗斯福目睹胜利落下的帷幕。先是协助他走向胜利的亲密战友接二连三地去世：总统军事助理沃森死于离开阿尔及尔的航行归途中；总统的第一智囊、特别助理哈里·霍普金斯因过劳而逝……这都无形中给罗斯福以沉重的打击，他开始真正感到力不从心了。

1945年3月，罗斯福在医生和众多亲友的劝阻下，不得已离开白宫，前往佐治亚的温泉疗养地暂休。这时，佐治亚春光明媚，温泉地一带百花盛开，清新的空气又使罗斯福感到死神离他尚远，闲不住的总统在疗养地又重理国家大事，事实上，这不过是一种回光返照。

1945年4月12日，依然是晴空万里，春意盎然。上午，总统照旧在聚精会神地批阅公文。这时，画家应约为总统画像来了，这是拉琴弗德夫人委托画家肖马托夫为罗斯福画一幅水彩画，以作珍藏。除了应画家的要求披上海军斗篷之外，罗斯福仍在草签手中的文件。

到了近1点钟，女画家仍在紧张地工作，突然，总统的头垂到了胸前，说了声："我头痛得要命。"就昏迷过去。下午3点35分，这颗伟大的心脏停止了跳动。

罗斯福没有亲眼看到反法西斯战争取得的最后胜利，这对他而言也可说是人生的一大憾事。但他看到了诺曼底登陆作战后取得的一连串辉煌的胜利：1944年6月，日本法西斯舰队在太平洋莱特湾遭到盟军毁灭性的打击；

1945年3月，美军已开始实施对日本的登陆作战。……他逝世过后的三个多月之间，德国和日本的法西斯相继宣告无条件投降。

罗斯福在二次大战中能成为一个具有世界意义的伟人，多半是出自他一贯的信念。他在最后一次就职宣誓中再次强调：“我们认识到：我们是不能独自生活在和平环境之中的，我们的幸福是取决于其他国家乃至遥远国家的幸福。”

一个人的一生中难免要碰到命运的捉弄和种种遗憾，就是伟人也在所难免。从罗斯福的经历和他留下的名言中，我们也许会得到某种启示和鼓舞。

甘地　人生是矛盾的

在印度，再没有比圣雄甘地更成功的人了。

但他的成功却有几分苦涩——

在不幸的家庭生活中备受折磨而成长起来的甘地，年轻时因为沉湎于情色之中，身体受到了较大伤害，疾病缠身。他试图通过自我救赎而获得心灵的升华。

在甘地看来，绝食是净化心灵的美德，磨炼自己、净化身心的重要方式，也是一种凝聚士气和战斗力的对敌斗争的武器。同时，甘地还将绝食同自己创立的“非暴力不合作运动”紧密联系在一起。其效果奇佳，许多一触即发的教派冲突和劳资纠纷，仅仅因为他的绝食和倡导而在短时间内销声匿迹。他的绝食，总能唤醒印度人民的民族热情与反抗压迫的斗志，几乎是印度民族解放运动中一剂屡试不爽的催化剂。

然而在选择公平正义，还是选择民族利益上，甘地却面临着尴尬。当时南非土著民族正在争取民族解放，与英国殖民军队的战斗正方兴未艾。从生活在南非的印度人实际情况出发，身在南非的甘地在权衡利弊后，呼吁在南非的印度人去参加英国军队或积极为英军承担后勤。这样做的结果，固然让在南非的印度人的处境得到大为改善，但却让正在争取民族解放的南非土著民族受到了来自印度人的伤害。这让他在很长的一段时间内，内心处于歉疚之中。

印度的独立之父甘地（1869—1948），一生充满传奇色彩，可说是在疑虑、坚忍和矛盾交织的斗争中完成了其伟大的事业。事实表明，甘地是一个特定时代的特殊人物，他特殊的经历就像一面镜子，不光映出了百味人生的戏剧场面，而且提示了真理与谬误的界限，展示出信念与现实的距离。

在英帝国殖民统治的时代，甘地出生于印度的一个贵族家庭。他的父母都笃信宗教。父亲的性格耿直，勇敢而慷慨，同时又多情善感，有时还耽悦肉欲快乐，他一生经历了四次婚姻。甘地的生母却是一个极为虔诚的教徒，她从来没有吃过一顿不做祈祷的饮食，每天必到寺院去履行宗教的日课，而且还选择了几种最难实行的善行并坚持不懈地奉行。如她为了一次特别的禁食善行甚至害了一场大病。父母的遗传和行为，都对甘地的成长及今后从事的活动产生了潜移默化的影响。

甘地自称曾是一个平凡的小学生，曾一度费了很大功夫才弄明白乘法表。这位“平凡”的小学生，却热衷于自己并不擅长的文化学习。由于性情的极度敏感，少年时代的甘地经常胆怯地躲开一切同伴，他总害怕遭到别人的戏弄和嘲笑。这样，只有书籍和课业成了他唯一的伴侣。

个性的孤独，使得他的内心充满了宗教般的虔诚和沉思。有一次他看了一出讲述印度贤人希拉华那孝行的演出，极受感动——那位年轻的主人公背着他失明的父母到各地旅行，结果劳累而死。这一幕戏剧使甘地终生难忘，他不仅将希拉华那视为效法的偶像，还时常用手风琴演奏剧中的插曲。如果让甘地看到中国古代非理性的二十四孝故事，他肯定也会五体投地。

情感的过于丰富和多愁善感，使甘地意识到，自己需要寻找精神的寄托。要做一个忠实的真理崇拜者，自己就应当去品尝生活中无数的苦酒，他把这种苦行看作是一种悲痛的责任。

印度的风俗是流行少年婚配。甘地在十三岁就由父母做主，娶了一个妻子。当时他只知道沉溺在幼稚的快乐里，在那个盛大铺张的婚礼中，他却像置身事外的人，他感觉到的变化是生活里不过是多了一个共同游戏的陌生小姑娘。当然，此后他还受到了肉欲的诱惑。事后，他对此感到十分内疚，也谴责这种不合理的婚姻和风俗。事实上，甘地的婚姻，并非带给他的都是快乐，为此而使他的学业延误了一年。他的哥哥更为不幸，婚后因陷于生活之累乃致中断了求学。甘地的亲身体验，使他深察到早婚，不知给多少印度青年带来了人财的浪费。

出于责任感，甘地的品行是端正的，他有一次因被误解为撒谎竟难过得痛哭起来。他在学习上也是勤勉的，可是有一个失策使他终身抱憾，那是他从小就没有把练字看成是受教育的要素，即便到英国留学也是如此。后来到南非时，他看到许多律师和当地受过教育的青年都写得一笔好字，这时甘地才感到万分羞愧，他才明白，凡是恶劣蹩脚的字迹很容易被人认为是受了不完备教育的一种标志，可是青少年时代所犯的错误已无法再补救了。所以，他极力主张孩子应从小习画，这样更容易写出美观的字体。

在生活中，没有尝试过的，甘地往往引为遗憾，而尝试过的，他又往往感到内疚。中学时代，甘地结交了一个朋友，家里人认为这人会把甘地引上邪路，因此反对他与这个人的交往，但甘地却坚持自己的看法。后来。这个朋友对他说，英国人之所以强悍有力并能统治印度，就因为他们是肉类的大食客，能轻易驱走身材矮小、以素食为主的印度人，如果能引导印度人民吃肉，英国人很快就会被赶出印度。基于这种幼稚的民族主义信念，甘地也秘密加入了肉食者团体，这对奉行不杀生的印度耆那教虔诚信徒的甘地家庭来说，简直是一个极大的亵渎。不仅如此，这朋友还引诱他去逛妓院，好在甘地没有失去自制力，他逃了出来，但他将之归结于神明赐给他的侥幸。事后，甘地少不了又是一项深刻的反省和内疚。甘地后来告诫人们：人类是最容易受到那些不易抵抗的诱惑，稍不留意，便要跌入陷阱。

少年甘地跌入空虚的生活陷阱的事件还有多起。例如，他染上了吸香烟的嗜好，仍觉得生活乏味得无法忍受，结果烟友们毅然约定集体自杀，当他们吞下了两三颗含毒的曼陀罗花的结子后，面对死亡，他们突然鼓足了生存的勇气。这次自杀未遂，却使甘地一举戒掉了吸烟和偷钱的恶习。

罪孽萌生于人的欲望，这是甘地从宗教观念引申出来的对人生行为反省的标准，他一直认为自己青年时代犯下的最不可饶恕的罪过，就是在父亲病危之际将其留给叔父看守，自己回房去同妻子共寝。自己一生奉敬孝行，给父亲送终的殊荣却落在叔父身上，这一结果，真是令甘地后悔莫及。而自己耽于肉欲，还使他妻子产下一个虚弱的孩子，不到三四天就夭折了。

一方面是欲望的诱惑，另一方面是生活不幸的降临，这促使青年甘地开始了自己的思考并逐步形成一套立身处世的准则，他决心开始躬行实践以求精神的解脱。

甘地的精神源泉是来自于印度教，他信服道德是一切行为的基础，真理就是一切道德的本体，而“以德报怨”的训诫则是一切的出发点。

甘地从青年时代开始就确立的独立人格精神，却让他无法适应在印度的大学里生活与学习。一个学期之后，他就从沙马达大学退学回到老家。时隔不久，他不顾家族的重重阻力，远涉重洋到英国求学。

常言说，环境可以改造人，但这话却不能一概而论。对于有强烈精神信仰的甘地来说，他自然有一套改造环境的适应办法。在人们盛行肉食的伦敦，甘地不仅坚持素食，而且他居然在这个世界大都会中找到了一家素菜馆，如同一个孩子获得了他梦寐以求的东西，欣喜若狂的甘地

又成了一个素食主义者。

甘地学的是法律专业，那是出国前的选择。当时人们都认为，在不久的将来，律师的工作将会取代印度传统的政府事务。甘地原本对法律和法典是有钻研兴趣的，可是付诸实践，他却不知如何运用学过的知识和理论。抱着困惑，甘地专程上门去请教了一个叫佛雷得潘克多的名人。

诚实和勤谨是生活工作的法门，博闻强记是打开人生奥秘之门的钥匙，这就是甘地从这位名人口中得到的教诲。他意识到自己学识浅薄，不通人情世故，更没有研究过人类的性格。他感到，作为一个印度人，首先就应该知道印度的历史，然后才谈得上将法律付诸实践的问题。

遵从这位名人的教诲，甘地努力地汲取多方面的知识，为日后的事业打下了极为重要的基础。

留学回到印度，甘地已成了一名挂牌律师。就在开展业务的过程中，甘地遭受了平生的第一个重大打击。

那是他去拜会一位英国殖民官吏，话不投机，双方争执起来，官吏勃然大怒，吩咐仆人把他赶出了大门。青年甘地遭此大辱，开始领教了英国统治者的趾高气扬和印度人地位的卑下，仇恨的反抗情绪油然而生。

然而，人格侮辱对于甘地来说只不过是冰山一角，英国殖民统治的腐败才使甘地深恶痛绝。联邦政府与官吏间相互勾结，玩弄各种诡计花招；王公们和英国人彼此宴请，行贿受贿成风；“法律面前人人平等”成了一句空话，在权势大于法律的污脏环境中，甘地深感苦闷窒息，他要过廉洁正直的生活几乎不可能。这样，深感失望的甘地只好借一次业务的机会，离开印度前往南非。

南非更不是甘地想象中的清净圣地，这里的种族歧视较印度远过之而无不及。

甘地一走进南非法院，法院就要求他必须脱掉印度民族的标志——头巾。甘地还被白人统治者视为“苦力律师”。他坐火车买的是头等座票，却被车警强推出车外。甘地被视为“有色人种”，他在南非遭受的粗暴歧视待遇可谓不胜枚举，有时他甚至被拒之于旅馆门外，不得在该旅馆内留宿。这些切肤之痛，使他的感情和有色人种以及一切被压迫的民族有了更亲近的共鸣，也坚定了他要同邪恶统治进行斗争和唤醒印度民族独立的决心。

在走向斗争之路以前，处于摸索中的甘地，不时从各种宗教中寻求精神武器。基督教《新约全书》中的“登山宝训”曾使甘地狂喜不已——那种不抗恶的思想与印度教的“以德报怨”可谓是息息相通。甘地还参加过基督教祷告礼拜仪式，研究过伊斯兰教教义。不过，他始终还是没有放弃印度教的本位立场，并在探索中产生了一种约束自己而为大众服务的思想。

由于甘地坚持原有的宗教立场，他最终还是同信仰其他宗教的朋友们发生了隔阂，并因此而失去了自己十分珍惜的友谊。

1869年，甘地回到了日夜思念的祖国。不久，他又重返非洲，并在那里遭遇了英国与布尔人的战争。

战争虽然发生在英国人与布尔人之间，但对于身在南非的印度人来说，也是一种严峻的考验。这本是一场殖民主义战争，正义是在布尔人一边。按理同是受殖民统治的印度人，应该支持布尔人。甘地却很纠结，最终他朝着英国人倾斜：在这关键的时刻，甘地的思想和行动在印度人中产生了极大的影响。甘地承认，印度人、布尔人都是处在英国殖民统治下的奴隶，但在南非，印度人却是英国的臣民，如果在这场血腥的战争中，印度侨民作壁上观，势必会增加日后的苦难，这时候若以救护志愿者的形式援助英国士兵，正是印度人“以德报怨”的好机会。在正义与民族利益之间，甘地最终选择了民族利益。后来，印度志愿救护队的行动的确是感动了英军，他们都因此获得了英国军事劳绩的奖章。但在甘地内心，也许留下了难以磨灭的隐痛。

甘地在南非的律师业务在日益扩大，繁忙之中，甘地并没有放弃为印度争取民族权利的义务。1904年，他在南非创办了《印度舆论》周刊，事后表明，杂志对于印度人团体产生的服务作用和影响是十分深远和巨大的。这个杂志是非赢利性质的，其表明的思想和变化与甘地的生活息息相关，它实为一个政治领袖人物对于“真理把持”的理解和原则的实践所作的具体阐明。在杂志发行的十年间，除了甘地被强抓入狱的时间外，几乎每期上都有甘地的文章。

甘地不仅在舆论传媒中呼吁关心人民的苦难，他在行动上也是一个救苦救难者。20世纪初叶，南非发生了一场瘟疫，南非政府一筹莫展，甘地却带上志愿人员，亲自去看护那些染上黑死病的患者。他坚信，只要心地纯洁真诚，大祸骤至也能遏止。遗憾的是，与甘地同赴患难的一位和善女护士，还是受到疾病传染而以身殉职了。

事后，针对政府当局弊端和防护措施不力，甘地在报纸上进行了尖锐的抨击。由此，他的名声日益鹊起，并赢得许多人士的信任和友谊。甘地从事的是律师职业，但他创办刊物宣传思想，并广泛结交各界朋友和热心公益活动，实际上是在从事不折不扣的政治活动。他的思想引起人们的共鸣，他的品行受到大众的尊敬，这都是他今后成为一个杰出的政治领袖所必经的阶段。

南非的工作生活与捍卫民权的斗争，促进了甘地的思想不断转化发展。尤其在这期间，他读到了罗斯金的《坚持到底》一书，从中又悟出了几条深刻的信念，并决心要付诸实行。其一，个人的福利是包含在大众的福利当中，这与甘地过去的服务思想是相通的；其二，任何劳动皆具有同等的价值，人人皆有劳动生存的权利，这与甘地过去从宗教中吸取的平等思想也是相一致的；其三，只有劳动的生活，即农夫或手工业者的生活，具有实际的价值，这无疑与甘地过去奉行的禁欲主义完全合拍。

事实上，在白人统治的南非，甘地总是以一种人道主义的姿态与殖民政府保持若即若离的关系。当时，曾一度发生土著祖鲁人反抗当局的武装斗争，甘地及其团体便组织救护队，极力使双方的伤病员都得到救护。在实践中，他都力求为弱小民族在强食弱肉的民族斗争中寻找到一种有效的生存壮大方式。因此，甘地十分注重精神的内省，他在自身和团体中发起了一种叫“真理把持”的运动。

甘地认为，凡是想把整个身心投入服务人类的事业，就非得克制自己不可，他在思考独身主义的种种好处。甘地说，若不能摆脱家庭生活的欢乐与苦累，就不能达到奉献的最高境界。他认为人不能同时过着肉欲与精神兼有的生活。

体现甘地的这种思想原则的典型，就是他妻子。

那是在南非土著祖鲁人的暴动之后，甘地的妻子身患重病，屡屡出血，身体极度憔悴虚弱，尽管如此，他妻子竟在不施麻药的情况下进行了外科手术。手术后，命是保住了，但虚弱再度使甘地妻子陷入垂危，医生的意见是要让病人补充营养，可是，出于禁欲的信念，甘地忍着悲痛，没有劝说妻子补充营养，其妻也拒食一切牛奶、肉食乃至盐及豆类等食品。最终，甘地妻子还是侥幸地存活了，他将此归结于坚持信念的胜利。

自此之后，他更感觉到有加强牺牲自我的意志的必要，直到他回到印度以后，食盐和豆类都属他禁绝的食品。

甘地是在一种宗教精神的指导下行事的，自然，他的人格思想行为和号召力很容易吸引长期受宗教氛围熏陶的广大印度人，人们愿意追随他，他也热衷于服务，也更乐于领导和教育感化追随者。他先是对青少年实行精神上的训练，以培养他们产生对真理的兴趣。为此，他创办了有名的“托尔斯泰山庄”。

甘地承认办教育是极困难的事。他主张非暴力和克己，这种思想也贯穿在他举办的青少年精神训练学校的教育之中，但有个无法无天的受训学生还是把甘地激怒了，结果失去自制的甘地竟操起直尺击打了那顽童一下。这真是令人出乎意料的举动，不论甘地、受罚者和其他所有的人都为此感到震惊。受罚的学生从此改邪归正，但甘地却万分懊悔，他认为暴行的产生是自我兽性的暴露，精神的力量却退缩了。此后，他便大力主张废除体刑制度。

“托尔斯泰山庄”是对青少年实行精神教育训练之地，被视为洁净人心身的圣地。不过，孩子们就如田地中成长起来的庄稼，难免受到四方形形色色的诱惑，良莠不齐势所难免，结果在受训学生中还是发生了一些犯罪和堕落的事件。

舆论的攻击渲染，内心遭受沉重打击，弄得甘地万分痛苦。甘地认为，那些犯罪的当事人是不理解他的痛苦，也不知自身堕落的严重性，自己必须要以行赎罪的惩戒来促使他们悔过。此后，甘地宣布绝食7天并决定在4个半月内每天只进食一次。他的自赎行为当然使周围的人感到万分难过，不过人们的心灵的确还是受到了净化，每人都理解到犯罪的严重性。

从此，大家更爱戴甘地这位精神领袖，团结的精神也得到了加强。从这一事件，甘地体察到绝食的妙处，以后凡遇重大棘手的难题，他都采用这一非常手段以达到他的目的。

甘地一生始终不倦地追求信念的完善和实践。他宣扬“以德报怨”，以及在印度人中发起的“真理把持运动”，是为印度人争取民族权利在思想、舆论和组织上做的精心准备。从本质上说，这当然是对英国殖民统治的一种威胁。所以，甘地最初提出要英联邦政府废除每个印度人一年的三英镑人头捐税，立即遭到英联邦的否决。此后，围绕这一焦点，形成了民族抗争的政治新动向，甚至连一贯极受歧视的印度妇女，也被吸引到运动中来。

甘地发起的争取民族权利运动，无疑在南非的印度侨民和印度本国都有着广泛的群众基础，对此，英殖民统治者当然不能坐视。在1913年间，英殖民统治者加强了对印度侨民的控制，这更进一步引起了印度人的愤怒，矿工们开展罢工，有的矿工甚至在被监禁中献出了年轻的生命。罢工者的命运是凄惨的，五六千工人失业，许多家庭流离失所。甘地是个不愿轻易承认失败的人，他提出了令人匪夷所思的解决的办法，他要组织这支失业大军，进行一种游方化缘的生活方式。

这次消极抵抗的徒步游行乞食活动，再次体现了甘地出色的组织协调能力。共同的信念使不同年龄、来历、性别的人们团结如一家。甘地更是以身作则，亲身参加各种扎营、清扫、煮食等劳作。在他的以身作则下，爱的情感也充溢在这个庞大的“徒步大军”之间，不同宗教信仰的人们居然亲如兄弟一般。

甘地此时已成了一个不可轻视的“危险人物”，南非当局终于对这个难以对付的政治家下达了逮捕令。

实际上，逮捕对于甘地来说，这是令他摆脱进退两难境地的最好办法，他率领的庞大“游行乞食”队伍势将难以为继，后果不堪设想；若他一经被捕，队伍将自行解散。他天真地设想，这样，自己不仅会赢得道义，失业大军也会因复工而获救。所以，甘地入狱后，他坦承这对他确是一种特惠，他可以不必再管监外的闲事，还可以静下心来长期读书，这是何等愉快的幸事！

但事态的发展，并非甘地所预料的那样。甘地入狱之后，数千名罢工的乞食游行者也被关押。由于拒绝复工，工人们遭到凶残的殴打和虐待。事态的恶化，就不再是南非的印度劳工问题，它令遥远的印度也震动了。

流血的冲突在扩大，殖民政府粗暴践踏人权的行为，遭到了世界舆论的广泛谴责，南非殖民政府处境很尴尬，他们犹如吞下大老鼠的蛇，欲吞不下，欲吐不能。这时，以甘地为首的“真理把持运动”领袖便成了事态乱象的解铃人，因为这时参加罢工的人越来越多，尤其是铁路工人的罢工，使南非政府陷入了极端困难的境地。

监狱成了使甘地成名和产生号召力的策源地。统治者无可奈何地来到监狱，坐下来与囚徒甘地商谈解决的办法。玉石俱焚和两败俱伤不是一个老练成熟的政治家期望的后果，甘地知道应该适可而止。退两步进一步是甘地惯用的以小搏大的策略。这时，甘地及时地宣布：运动的目的不是推翻政府，印度人也不要再援助铁路的罢工者了，“真理把持运动”的目标与其他罢工目标是完全不同的。

甘地的举动完全出乎南非政府的意料，“真理把持运动”用受苦的方法以求取胜利，获得了社会的更多同情。早已准备好使用血腥镇压手段的殖民统治者也因此而有所顾忌，一时下不了手。他们放下居高临下的高傲身段，再次坐下来和甘地对谈了。甘地适时地再次宣布中止“真理把持运动”。他的举措一度使处于斗争昂扬状态的印度人难以接受，但甘地的理论是，“真理把持者”应把苦痛也当作一种快乐看待，所以即使一再受人愚弄还是应当继续信任对方，以增强真理的能力，并使自己获得最后的胜利。他奉劝追随者不要害怕南非政府的报复和反复无常，他说“宽恕是勇士的一种美德”，这样才足以证明“真理把持者”具有丰富的经验。不信任他人则是一种弱者的标志。

罢工风潮过后，第一次世界大战爆发。

这时，甘地实际上已成了印度的民众领袖，在历史的十字路口，印度民族的何去何从，是每个关心印度未来命运的人都必须作出的抉择。许多印度人都认为，英国人与印度人有一条不可逾越的鸿沟，是主子与奴隶的关系，在主子面临危难之际，做奴隶的不是可借机求得他渴望的自由吗？然而，甘地的看法正好相反，他认为印度人应当是以爱的力量去感化顽固的英国殖民统治者，应当是通过和平与合作的方式去改善印度人民的处境，在主人倒霉的时候同他站在一起，正好可以获得主人的同情，万不可利用危乱争取自己的利益。他不仅是宣传自己的主张，而且还促使追随者们采用志愿救护的办法加入大战中的英国阵营。

1914年，甘地一度前往伦敦，后因健康原因回到印度。这时，甘地发现自己已成了家喻户晓的名人。

1915年，他在参加每隔12年举行一次的哈特华“昼拜”庙会时，根本无法自由活动，只能安分地坐在帐篷内，和许多来访问的宗教巡礼者讨论各种各样的宗教问题。显然，南非发生的斗争，已经使整个印度对之景仰而且万众瞩目。甘地自谦地说，自己眼下的这种地位并不值得别人羡慕。他宁可像绝大多数的印度人一样，旅行时搭乘三等车厢而不会引人注目。

话虽然是这样说，陷入宗教般狂热的追随者并不冷静，凡是甘地所到之处，一听到他的名字人们就会蜂拥而至将他包围。甘地变成了群众盲目崇拜热的牺牲品，他声称自己已陷入极其可怜的境地。

崇拜必然遭来热情慷慨的招待，这显然违背了甘地立志服务他人的初衷，同时，也为了免使招待者陷入难堪，甘地毅然宣布了节食的决定，即在24小时内决不进食五种以上的食品，而且夜间决不进食晚餐。发出了这个誓言其实对甘地也是一种严厉的折磨。不过，他认为遵守这一信条的15年来，不仅延长了他若干岁月的寿命，还减少了疾病的发生。

生活中举行原则也并非事事顺遂。

一天，甘地在恒河中光身沐浴，一个和他亲近的印度宗教人士对他进行了诘难，原因是他身为印度教教徒，但他头上没有保留一缕头发，身上也没有佩带圣纽，而这正是印度教教徒的两种符记。对此，甘地的答复是，同是印度教教徒的第四种姓等级的“首陀”（即贱民）却不佩带圣纽，他当然可以不佩带。不过，不留发的目的却是避免被英国人嘲笑，也便于自己在英国各联邦开展工作。

这样的答复，显然显得有些勉强。最后，和朋友们商议的结果，他还是决定让头发再长起来。由此可见，甘地的实践在与原则发生矛盾的时候，他还是会委曲求全。

为了宣传自己的信仰和主张，甘地在1915年创办了“真理学院”。他是通过一种建立大家庭生活方式的途径，达到组织信徒的目的。这个学院受到了信徒的追捧，居然还招来了一个海军上将家庭的加入，有的富人为学院捐款甚至不留姓名。

甘地扩大影响的另一做法，就是到印度各地周游，宣传争取印度人权利的核心问题，是首先争取解决海外劳工和移民受的歧视和不平等待遇。

甘地的工作是有成效的，在1914年的协定中，合同上附加给印度海外移民三英镑人头税的苛捐已被废除。不过，他因此而遭到印度殖民政府的忌恨，他在单独的旅行中，时常都遇到侦探们追踪和干扰。每遇麻烦，甘地总是以不抗恶的苦行僧态度对待种种过分的袭扰。他也因此获

得了更多民众的同情和支持。

终于，政府也宣告废止了歧视印度移民的契约制度。甘地的“真理把持运动”似乎正在一步步地走向成功的最终点。

1916年，正当甘地在出席国民议会期间，有一天，有个来自印度香宾兰的人抓住了甘地的肩头。他请求甘地到那里去解救农民遭受严重盘剥的痛苦处境。香宾兰是位于喜马拉雅山麓的乡村，以栽培靛蓝的植物闻名全印度，但是当地的种植者一直受到商人和官府的双重压榨，生活极端困苦。受到感召的甘地，只身前往调查，一到当地，马上被如临大敌的政府派人包围，并且传讯到法院。对此，早有心理准备的甘地采取了两项措施：一是争取外界在必要的时候声援，扩大事态的攻势，这是万不得已的方式；二是尽可能采取善意和解的方式，让当地政府转变态度以利调查和问题的最终解决。结果，后一措施取得了成功，靛蓝商人们的阴谋被彻底挫败。

甘地和他的同事们还在乡村中开办小学，征募义务教师。在各地推行卫生和医疗的服务工作。饥荒之年，他和同事们发起免税田赋的请愿，但是政府置若罔闻。这样，甘地只好劝告佃户们参加他领导的“真理把持运动”，即宣言有条件地拒缴田赋。这次运动事实上也得到了官方文件的认可，只是征税吏拒不执行。

英国驻印总督逐渐认识到甘地及其“真理把持运动”的分量，大战期间已有意识地要借助甘地的影响力来执行英国政府的战时政策。这样，甘地成了总督府的座上宾，能够参加官方公务会议了，他支持政府募集印度士兵的决议，但条件是允许他使用北方印度语在官方会议上发表演说，结果总督同意了。甘地把总督的这项承诺看作是终生难忘的事件，多年以后，他还一再提起，许多人也为甘地能用北印度语演讲而向他热烈祝贺，因为在这种官方会议上能使用北印度语的确是破天荒的第一个例子。印度人过去在英殖民政府中何等低贬的地位，终于有了变化的契机，能争取到这样重要的民族权利和自尊，甘地的这次演说当然意义十分重大和深远。

不过，甘地利用合法斗争的手段以推行民族独立进程的做法，还是使许多受压的印度人无法理解，他们不断质问甘地：“政府对待印度人有什么善政，值得我们做他们的后盾？”“你是不杀生的信徒，为什么叫我们拿起武器

去杀人？”

面对诘难，甘地感到极大的不安，但募兵工作他还是坚持开展下去。他声称，在英殖民历史中，最大的恶行就是剥夺了印度人持枪的权利，如果印度人想学习使用武器，这正是绝好的机会。

在募集新兵的运动中，繁忙的工作使甘地的健康受到极大的损害。他每天的食品是花生浆和柠檬，因此已患上轻微的疾病。他素来是以节食控制食欲，可是有一天竟经不起美味食品的诱惑，那是一碗放了油的麦糊，还有一碗奶制品，甘地将它们全吞食下去之后，却招来了危险，痢疾一下剧烈发作起来。为了责罚自己贪食的过错，甘地拒绝了一切医学上的治疗和药品，过度的衰弱变成了狂热症，可是甘地仍把这次重病看成是试验禁食原则的好机会。

直到有一天，他病重难愈，甚至绝望了，就在这时，一个民间医生来了，他的方法十分奇特，就是在甘地的病躯周围置冰，他使甘地产生了新的希望和勇气，也有了食欲，接着便可以起身缓行了。

求生的欲望增强，甘地便迫切要求体力的恢复。医生的意见是注射营养液，再补充牛奶的营养。过去立誓不喝牛奶的甘地，就改喝羊奶，这对他一贯宣扬的禁食主义真是个绝妙的讽刺。如果他过去采取理性的饮食习惯和正确的疗法，身体就不会被折磨到绝望的地步。

“我的求生愿望胜过了对于真理的虔诚”。这是甘地对自己犯禁的忏悔。为此，他每天必祈祷：“主啊，给我信心和勇气吧！”

主张非暴力抵抗的“真理把持运动”，其宗旨是以不流血换取印度人民的平等权利，这一运动从本质上说是与印度殖民政府的利益相冲突的。因此，运动遭致的逮捕和血腥镇压仍时有发生。例如，甘地在一次组织德里等地民众反对盐税和发卖禁书的活动中遭到逮捕，闻讯的民众们愤怒到了疯狂的地步，暴动有随时发生的可能，当被押解的甘地到达华杜尼时，集合的民众大呼“国家万岁！神明伟大！”甘地已成了人民心中的国家领袖。惊恐的殖民政府，集中了大批警察马队，向示威人群猛烈冲击，有人被践踏，有人被压伤流血，狂乱的骚动形成了悲惨恐怖的一幕。

为了避免事态进一步恶化，促使政府取消戒严令，与政府达成妥协的甘地出面召开民众大会，他劝告人民反省错误，并宣布自责而实行三天绝食，其他提议运动的参与者也绝食一天，以表示忏悔骚乱罪过。在这种群情激愤的情况下，甘地的非暴力主张也遭致了许多争议，有的人甚至扬言要暗杀他。

然而，坚持信念的甘地还是我行我素，非暴力的“真理把持运动”也在一步步地向前迈进。运动事实上都与争取被压迫民族的平等权利息息相关，非暴力也与印度教不杀生的信条相合，所以“真理把持运动”还是日益深入人心。

甘地一直坚信，凡是身心不纯洁的人是无法得到神助的。自己净化就是具有净化生平一切举动的意义，这种道德是富于传染性的，一个人如能自己实行净化，则必定会使周围的一切也自然净化起来。自我净化的道路是崎岖难行的，要达到完全的净化境界，人必须要升华到爱与憎的逆流以上，从爱与憎中解脱出来，在思想和言行上成为一个绝对没有热情的人。他承认，自己一生虽不断努力进取，但还是没有达到上述的纯洁境界。

事实上，甘地的成功和受到印度人民的广泛支持爱戴，以及他成为国大党不可替代的领袖，并不完全是依靠禁欲主义和非暴力的不合作运动。印度殖民政府的腐朽统治将人民陷入水深火热之中，而甘地则总是无私奉献为解除人民的痛苦而四处奔走，这才是他获得人民赐予的“圣雄”称号的主要原因。他不光是兴办学校，办实事，宣传教育，还亲自站在受苦民众的第一线，领导他们去争取政府的让步，为此时常受到关押和监视。他还深入到农村山区，关心农民疾苦，发动农民反对苛捐杂税。例如，古查拉持的凯接县发生饥荒，他出面请求政府免去当地农民该年全部田赋，这次努力大获成功，为甘地在广大农村获得农民的支持，产生了十分良好的开端。

甘地提倡禁欲主义，不过他的政治活动的中心目的，还是围绕争取民族独立和提高人民生活水平的这一主线展开的。他提倡国货，积极组织开展全民性的手织棉布生产运动，不仅大大提高了一次大战后印度棉布的生产量，还唤醒了广大农民的民族意识，并且把大众引向了以国大党为中心的民族独立运动，而国大党正是通过有组织的生产运动，奠定了该党与印度各种政治力量相结合的基础，从而逐渐发展成为强大的、反帝国主义的群众性组织。

甘地的一生克己勤勉。为争取民族独立，他首先就致力于实现民族内部之间的和解，他要人们消除根深蒂固的印度社会的贱民等级制度，他为消除印度教和伊斯兰教的对立而积极奔波。遗憾的是甘地这样沤心沥血，鞠躬尽瘁，他还是没有得到所有人的一致理解和支持，就在二次大战结束印度获得社会独立新生之后的1948年1月30日，一个狂热而丧失理智的印度教徒暗杀了“圣雄”甘地。

死对于甘地来说，那不过是永生的开始，也是对苦难人世的最好解脱，因为他知道自己不是神，也讨厌别人把他偶像化。有一次，一个久治不愈的老人因默诵甘地之名而痊愈，就把甘地像挂在颈项上。甘地见状，叫他取下来，告诉他身体痊愈那是神明的作用，而非甘地所为。

熟知而又钦敬甘地的尼赫鲁曾说过：“甘地在本质上是与世界步调相背离的，是个否定人生乐趣的禁欲者。”而事实表明甘地这种反常的举动和思想，恰恰可以产生神明一般的威力，非理性的举措却产生了理性方式不易产生的巨大而有益的社会效果。

甘地也许不知道，他奉行的禁欲式贫困生活，代价却是昂贵的——甘地的崇拜追随者奈都夫人曾说，要使甘地这位大人物生活在贫困之中，不知要多少代价，他要是知道实情就好啦。根据甘地的财政援助人比尔拉说，甘地一年的生活费用，就多达50000卢比。

伽罗瓦 暗夜中不见希望的星辰

世界上的人，都希望在生前看到自己的成功，品尝到成功的滋味。

而伽罗瓦却没有这种机会。

一提到伽罗瓦，学过抽象代数的人都会想起伽罗瓦理论。但是在此之外的伽罗瓦，与他那“小说一般的人生”却往往不被人所知，他如同小说中的人物一般离奇，少年成才、天资过人、个性十足、不被赏识、参与革命、决斗而死。他年纪轻轻就丧失了性命，在一次可以被称之为“愚蠢”的决斗中离开了人世，年仅21岁。这个可怜的年轻人离开了人世，数学史上最年轻、最富有创造性的头脑停止了思考。

他被埋葬在南公墓的普通壕沟里，坟墓已无踪迹可寻。他不朽的纪念碑是他的著作，共60页。

后来的一些著名数学家说，一位年轻数学家的死使数学的发展被推迟了几十年，他就是伽罗瓦。

有的杰出人物，如同燃烧的星辰，稍纵即逝，当世人尚未察觉，他已消逝在茫茫的夜空。年仅21岁的法国数学天才伽罗瓦，就属于这样的星辰。

1811年10月25日，埃瓦里斯·伽罗瓦生于巴黎近郊的莱因河畔村庄。生活于拿破仑时代的双亲，富有教养，在王权与自由的冲突之间，他们坚定地支持后者。成长于这样的家庭，伽罗瓦显然受到双亲本质的影响，使他不仅富于探索精神，而且疾恶如仇。有些历史学家把伽罗瓦的天才夭折看作是他本身的性格所致，事实上，是他的智慧之花不宜开在他所处的时代和环境。

在12岁以前，母亲是伽罗瓦唯一的教师，这使他的天才性格和禀赋得到了很好的培育和发挥，尤其是铸就他强有力的坚忍精神；母亲明晰有力的思想，也激发了他的创造力和无比的进取心。然而，这幸福短暂的少年时光很快就被黑暗的现实所吞没。

1823年，12岁的伽罗瓦进入了巴黎的路易大帝皇家学院。当时是一个充满动乱的时代，因此学校戒备森严，教师实际上变成了监狱的看守。教师的压制终于导致了学生们的反抗和罢课，最后，为首者被开除，年幼的失学者流落街头。伽罗瓦虽然不在其列，但校方的暴行使他怒不可遏，从而造成了他终生反叛不屈的刚烈性格。

学校的教育使伽罗瓦难以适应。一开始，伽罗瓦就在公共学校显示了他的良好基础和才华，首先是他在古典文学方面获得了成绩优秀奖。但他的进取心促使他的热情向更富于挑战性的数学领域转移，填鸭式的修辞学、拉丁文和希腊文课程逐渐使他感到厌倦。伽罗瓦对这些功课的敷衍了事，终于导致了任课教师们的愤怒，他们对伽罗瓦的“放荡行为”处以了留级的惩罚。

而恰恰是在被人视为“低能”的这一年，伽罗瓦轻而易举地就掌握了通常优秀数学人才需要花几年时间才能弄懂的勒让德《几何学》。数学使他着了迷，可是他在课堂上的数学成绩平平，因为那些传统课程对他来说无足轻重，他要攀登真正的数学高峰。奇怪的是，正当人们希望看到这个桀骜不驯的人考试落马时，伽罗瓦却以突出的成绩在统考中屡屡获奖。因为，伽罗瓦具有只凭心算就能进行数学难题解答的天赋。遗憾的是，天才的素质却无人赏识，只有伽罗瓦初次认识到了自己的巨大力量。

从此，伽罗瓦的性格和行为发生了很大的变化。由于伽罗瓦在数学的迷宫中已洞察到，自己在代数分析方面具有与当时的大师们一决雌雄的实力，他欣喜若狂，不顾一切地投入进去。然而，这种对科学的执着追求，却使周围的人对他产生了这样的错觉，老师们认为他已由一个温和天真和具有良好品质的学生，变成了一个古怪、固执和孤僻的人。尽管承认他有独创性，却又指责他“假装胸怀大志”，故意用无休止的“胡闹”来纠缠自己的教师，讥讽他的聪明是一种令人难以置信的神话，把他看作是被数学的疯狂主宰了的可怜人。

在平庸的环境，除了冷眼，没有扶持和鼓励，16岁的伽罗瓦在他的艰难的数学探险中遇到了曲折，他自认为自己已取得了重大的成果，即解决了一般一次方程的问题，事实上，伽罗瓦是重复了挪威伟大的数学家阿贝尔所犯过的错误。科学探险的失败势所难免，同时它也是成功的起点，但遭遇的挫折却往往使人一蹶不振。

1827年，没有经过精心准备的伽罗瓦，冒失地投考了他向往已久的法国数学家摇篮——巴黎综合工科学校。

由于竞争激烈，伽罗瓦失败了。本来他是可以在这所著名的学校获得最好的教育，他的数学天才将可能得到最好的发挥，他将获得最大的鼓励和赏识。不幸的是，伽罗瓦的机遇被平庸的主考人葬送了——因为一个智力低下的主考人根本无法了解一个天才的素质。这一结果迫使年青的伽罗瓦必须依靠自己，他从此走上了更为艰辛的道路。

当然，在伽罗瓦前行的道路上，也并不是没有遇上伯乐，路易皇家学院的高级数学教师里夏尔就不是一个平庸之辈。里夏尔是巴黎大学几何学高级讲座的热心听众，这使他能及时了解当时数学研究的最新动态。他不谋私利，把自己的身心才能都奉献给了学生们。他培养出了数学分析大师勒韦里埃，后者与亚当斯一同发现了海王星，以及著名的几何学家、高等代数学塞尔和埃尔米特……

当伽罗瓦每次对里夏尔指定的难题做出独到解答时，这位伯乐就意识到："法国的阿贝尔出现了！"而挪威的阿贝尔则是开创数学史上最伟大世纪的先行者。里夏尔不仅给了伽罗瓦数学头衔。还认为他已站在当时数学阵地的前沿，理应免试进入巴黎综合工科学校。

事实的确如此，伽罗瓦17岁时，就在方程理论上作出了划时代的重要发现，这一成果的重要性在一个多世纪后仍在显现。少年天才的智慧闪光仿佛连上帝也感到惊讶和妒嫉，不幸的事从此便接二连三地发生。

19世纪初叶，以数学发明创造的丰硕成果而跃登法国科学院数学霸主宝座的柯西，是当时负责审查鉴定数学新成果的权威。柯西也不是一个完人，他通常是一个迅速而公正的鉴定人，但也却犯下了重大的错误，葬送了一位天才。

17岁的伽罗瓦把自己的重大发现写成论文，提请科学院审查鉴定。然而，论文到了柯西手中，柯西把它忘了，后来竟然把论文提要也弄丢了。

这一打击对一个少年来说意味着什么，他除了蔑视和愤恨科学院及其院士们，还更加仇恨这个黑暗愚蠢的社会。与此同时，学校当局也让这个无人所识的数学家不得安宁，他们拿一些规矩和琐事去干扰他，讥讽他狂妄自大，用喋喋不休的说教和惩罚去激怒他。

1829年，伽罗瓦再次报考综合工科学校。这次报考极富悲剧色彩，伽罗瓦擅长心算，使用粉笔在黑板上演算却妨碍了他的思维。在口试中，主考人与伽罗瓦辩论一道数学难题，主考人明明自己错了还要坚持己见，愤怒和绝望的伽罗瓦失去自制，他用板刷狠狠地击中了主考人，这所数学家和自由斗士的摇篮随之也对他永远关上了大门。

1827年，伽罗瓦的父亲在市长任内被政敌诬陷迫害，他愤怒之下而自杀。正派的老市长不幸去世引起了民众的暴乱，眼见社会的种种不平，更加使年青的伽罗瓦愤世嫉俗，他只有不顾一切地去研究数学，才能怀抱希望生活在世上。

1830年，19岁的伽罗瓦已成为真正的数学大师，他写作了三篇论文，其中在代数方程论上，它已远远超过了前人的成果。伽罗瓦再次鼓起勇气向科学院提交参加数学大奖赛的论文，当时只有第一流的数学家才有可能夺冠。专家们认为伽罗瓦的论文极富有独创性，完全有资格获奖。伽罗瓦对此也有自知之明，他认为自己作出的成果，将会使许多著名学者对此而感到不知所措。然而，手稿落到秘书手中，秘书把它带回家中还没来得及审阅，就去世了。当人们去搜寻死者遗留的文件时，再也没有找到这篇手稿的踪影。

1830年，革命钟声的敲响，伽罗瓦暂时忘掉了事业

追求遇上的种种痛苦，很自然地投入了反对保守派的激进共和党阵营。假期间，伽罗瓦走上街头，对人民的权利要求给予了狂热的支持。回到学校，保守的校方无法容忍这个不安本分的学生，伽罗瓦被开除了。

伽罗瓦并没有向社会屈服，他举办了私人性质的高等代数讲习班，开设的课程包括今天被人们视为代数和数论中极其重要的“伽罗瓦猜想”理论，遗憾的是，“无名之辈”的课程当然无人问津。

除了研究数学，伽罗瓦还有巨大的精力，他参加了国民警卫队的炮兵营。这时，他再次向科学院提交了今天仍被数学界称为“伽罗瓦理论”的有关方程一般求解的论文。审查论文者是泊松院士，这是个但凡研究万有引力、电学和磁学的数学理论者都熟知的科学家，但泊松却作出了令人极度失望的结论，他称伽罗瓦的论文“不可理解”。是的，伽罗瓦的过错就在于他的思想大大超越了时代，以至于连当时的数学权威也无法理解。

遭受这最后的一击，伽罗瓦不再吝惜生命，他要为革命和自由献身。1831年5月9日，为了抗议王室解散炮兵的命令，大约两百名青年共和党人聚会，他们高呼为革命干杯。为表示对国王的仇视，手执酒杯的青年伽罗瓦拔出了小刀，这被视为要取国王性命的举动，同伴们狂呼赞同，伽罗瓦一时成了英雄。炮兵们奔上街头，通宵喧闹。第二天伽罗瓦在家里被捕，被关进了圣·佩拉热监狱。

在法庭上，不惧死亡的伽罗瓦，借此机会发表了抨击政治黑暗势力的激烈演说。法官和陪审团看到被告如此年轻，言辞竟这样犀利，由于证据不足，陪审团只得将这个使人感到格格不入的青年人开释。伽罗瓦泰然地收起了他的小刀，默默地走出法庭。

事实上，自由和幸福注定与他无缘，不到一个月，伽罗瓦再度被投入监狱。这次拘捕是无端的，因为当局害怕共和党再起事端，而伽罗瓦已成了一个有名的“危险分子”，为此他们给青年数学家判了6个月的监禁。

有史以来，监狱都是人类社会最阴暗的角落。每当日出日落，因痛苦而过早苍老的伽罗瓦，都在静静地沉思，他不合群的举动和神情遭到了同监罪犯酒鬼的辱骂。

一天，一个酒鬼骂伽罗瓦不配当革命党人，说道：你连酒也不敢喝，不知女人的滋味，还不快滚回你的数学王国中去。这下伽罗瓦被激怒了，死亦何惧，何谓怕酒，他

当即一气喝干了一瓶白兰地，昏死过去。这时，只有一个正派同监犯照看他直至他清醒过来。后来察觉到自己的愚蠢失态，伽罗瓦再次感到震惊和耻辱。

1832年3月因霍乱流行，伽罗瓦被保释出狱。在这个令人心烦意乱的春天，他偶然遇到了有生以来的第一次爱情。不幸的是，纵欲和廉价的爱情并不能慰藉这颗高尚而伟大的心灵，他开始讨厌对方，甚至讨厌自己，他感觉到自己是在堕落，他所渴求的事业成功和真正的爱情已不复存在。

1832年5月，获释不久的伽罗瓦打算冷静下来思考在过去所发生的一切。事实上，政治斗争和科学探索往往是难以两全的。好事的政敌打破了他生活的平静，他们挑起了同数学家的决斗。伽罗瓦预感到自己不幸的命运即将结束，他在遗嘱中抱恨地写下："既然命运没有给我足够的时间，让我活到祖国知道我的名字的时候，那就请朋友们永远记住我吧。"

这时，他完全忘记自己存在的价值。

决斗之前的一个夜晚，伽罗瓦飞快而凌乱地一气写下了自己伟大闪光的思想——有关数学的重大发现。在什么条件下方程式是可解的，这个问题一直困扰了数学家们数百年之久，伽罗瓦彻底地找出了正确的答案，在这项杰出的工作中他成功地运用了群论，从而使之成为数学中极其重要的抽象理论的开山鼻祖。此外，伽罗瓦还把他的一些重要的数学研究手稿托付给了他的科学执行人，并为此写下了遗嘱。

第三天，即1832年5月31日的清晨，决斗场上，在二十五米的距离之间，伽罗瓦与决斗者手持枪对射，他倒下了，无人理会。九点钟，一个过路的农民把他送到医院，但为时已晚。临死之际，他头脑依然清醒，伽罗瓦拒绝了神父的祈祷，无畏地去拥抱了死神。

21岁的伽罗瓦被埋葬在巴黎近郊的公墓壕沟里，且早已被人遗忘，这使令人失掉了一个凭悼伟大之人的场所。令人感激的是，伽罗瓦忠实的朋友奥古斯特·谢瓦利埃把融汇了伽罗瓦的希望的手稿传给了后人，伽罗瓦深信他死后必为世人所熟知。

十四年后，著名的《纯数学与应用数学杂志》编辑出版了伽罗瓦的部分手稿，杰出的数学家约瑟夫·列维尔在其序言中，对年青的数学家给予了公正和高度的评价。

如今，伽罗瓦不复存在了，但他永远把看到公正的机会留给了善良的人们。

孟德尔　人生平凡如秋叶

有一位科学家，攀登在科学的崎岖山道上，在众人茫然若失之时，寻找到了通往山巅的正确之途。

但他却没如期迎来鲜花和掌声。

孟德尔的一生科学耕耘，源于对科学的痴迷。他通过一畦畦豌豆揭示了遗传的秘密，数十年不间断的实验开辟了研究的新路，毕生心血揭示了遗传的规律。然而，这位天才的生物学家将他的研究成果整理成了论文并顺利地发表，但他的理论在当时并没有受到重视。和他同时代的科学家由于见识不够，仅仅认为孟德尔的假说成功地解释了他所观察到的结果，却没有意识到孟德尔的这些假说其实反映的是普遍的遗传学现象。

直到孟德尔因为肾病去世40年之后，他的成功才得到确认：细胞科学家们通过观察细胞分裂，意识到染色质可能是一种遗传物质，当他们寻找前人的相关工作时，孟德尔的研究才为世人所瞩目，被公认为遗传学之父。

在19世纪，《植物杂交试验》这篇研究科学的论文及其作者孟德尔，其存在不过是大自然中平凡的一棵小草，在人们眼中犹如浮光掠影，一出现即被遗忘和束之高阁，再也无法引起波动。

过了半个多世纪，世人却从这篇论文中发现了宝藏，人们不但惊讶其睿智思想的闪光，还从中吸取营养且光大其学说。其中的佼佼者，如美国的摩尔根还获得了诺贝尔奖，并开创了今天和未来都将在科学界扮演重要角色的遗传学派。巴尔扎克曾说过："真正的热情，就像美丽的花，它所绽放的土地越是贫瘠，越是显得悦目。"这些话未免有些过于抽象和费解，不过，我们只要回顾一下孟德尔富于创造的生平，就可为巴尔扎克的名言找到最好的注解。

孟德尔生平被人重视，这要追溯到20世纪遗传学上的爆炸性发现。19世纪三四十年代，科学家已经知道一切生命都是由细胞所构成，而所有的细胞又都是由其他细胞产生而来。那么，细胞是如何分裂产生子细胞，这一过程

早在1900年就已被人阐述过。正在那时，有三个生物学家阅读到了孟德尔在1865年撰写的两篇有关遗传学的论文，他们完全被论文中的精妙发现所倾倒，孟德尔的名字也随之开始闪现出夺目的光彩。

孟德尔（1822—1884）全名叫约翰·孟德尔，他的出生地在邻近布拉格的布尔诺（今属捷克）。他的家族世代遗传倔强执拗的性格，为了坚持自身的权利，曾反抗过那些暴虐的赃官。约翰·孟德尔就继承了这么一股牛劲的血统，想干就干，一旦拿定主意，百折不回。

孟德尔的家乡是一个自然美丽的乡村，所以他在大自然的怀抱中，对自然界有着一种执着的热爱和向往。在多瑙河畔的田园中嬉戏成长，他跟随务农的父亲，自幼便养成了种植花木的兴趣。

孟德尔不仅爱好栽培，而且注意观察作物生长变化的情况，这就养成了实验科学研究者最为重要的素质。“为什么不同性质的植物会呈现出不同的颜色和形状？”这是小孟德尔在观察大自然中不时萦绕脑海中的一个主题。就培养自己的观察能力这点而言，他是幸运的。孟德尔家乡的一个庄园主瓦德堡伯爵夫人，她不顾忽略自然科学的教育视察官的反对，在小学课程中加入了自然学习的科目，这就无形中为就读小学的孟德尔解开了许多植物生长的奥秘。

从家乡的小学毕业后，孟德尔便进了邻近的特罗波城中学。正所谓“天将降大任于斯人也，必先苦其心志，劳其筋骨，饿其体肤，空乏其身。”穷困的父母供应不起一日之餐，孟德尔实际上是在半饥半饱的状态下苦读完了中学的六年级。

后来，贫病交加的父亲把仅有的土地卖了，使孟德尔念完了大学。尝尽了贫困的痛苦，一心向往科学研究的孟德尔在大学毕业后，必须要考虑选择一种不必为生计操心的职业。他的老师法朗兹教授建议他去当一名修士，而这正适合他的意向。于是在1843年下半年，孟德尔便进了布尔诺的修道院，取了“格里戈尔”的教名，他决心以此打发自己虔诚祈祷和劳动实践的一生。

在孟德尔到来之前，修道院就有一个经营得颇有成效的植物园，主管是一个名叫萨勒的教士，他是一个知识广博的植物学家。萨勒经营的这个种植丰富、科学管理得井井有条的植物园，对天生于植物学有兴趣的孟德尔来说，简直是一件喜出望外的礼物。

孟德尔在修道院的植物园度过了自己的空闲时间，每天他都在观察、培育着一株又一株的花木，他研究植物的勤奋和细致，可说在植物学家中也是极为罕见的，这也为他后来天才思想火花的迸发奠定了至关重要的基础。

事实上，修道院中，对植物学产生浓厚兴趣的修士，远不止孟德尔一人。他们的出身经历与孟德尔相似，也同样热爱种植花木和研究植物。这种相投的意趣和穷理的志向，很快就形成了一个亲密无间的自然哲学研究群体。

这些思维活跃的人聚会的讨论话题，不限于科学，还涉及文学、神学、哲学，甚至是政治。此时正处于19世纪40年代的革命高潮，在新思想的影响下，孟德尔的有些教会同事就义无反顾地投入了其间的战斗。

不知是何缘故，出身贫困的孟德尔并没有放弃职业的祷告工作，1947年，他被任命为神父。孟德尔有一颗恻隐之心，甚至使教区主教也认为他不适合做面对教徒的布道工作，因为看到受苦受难的教民，他往往会难过得无法自持。这种性格上的软弱也导致了他的健康受到严重损害。不久，孟德尔被解除了教区神父的职务，回到了他的修道院和植物园。

教士的生活沉闷单调，植物学的研究也无法宽慰孤苦的心灵。孟德尔觉得自己善于思考，对人热诚，学习和教学对他而言，都不失为摆脱消极处世的一种好办法。于是，孟德尔向本地中学申请做一名代课老师，他被录取了，薪金仅是正式教师的百分之六十。

孟德尔作为中学代课老师的详情后人很难知晓，不过从校方留下的评语可看出，他不失为一名称职的代课老师。正因为如此，师生的好评鼓起了他谋求正式教师的热望。

1850年春天，孟德尔在当地报名申请参加中学教师资格考试。然而，孟德尔的学识并未能让“尊敬的主考官们”感到满意，他们认为孟德尔在自然科学课程上学习不够，尚不具备担任中学教师的资格。

第一次被淘汰，孟德尔并不气馁，他重新复习教科书，几个月后，他又报名参加考试。这次结局更令人遗憾，主考官甚至认为孟德尔连“当初等学校的教师也不够格”。

平庸的考官，当然不可能会对一个具有卓越科研能力的学者作出客观的评价。不过，孟德尔的不幸对于人类的科学界而言，却是不幸中的大幸，19世纪无疑是失去了一个优秀的中学教师，但却使孟德尔练成了一个划时代的科学家。

孟德尔生性不甘寂寞，事实上，除了当代课老师，孟德尔把自己的牛劲用在栽培植物上了。他没有自暴自弃，他所钟爱的植物园时刻在敞开笑颜欢迎他。人们看到，在修道院的小屋，或在阳光明媚的花园里，这位身躯矮胖的修士，不是在研读书本，就是透过他的夹鼻眼镜去同花木对话，那灰蓝色的双眼，流露出真诚和希望，爽朗欢快的笑声如同受到童话世界中的圣人祝福。就是在这种美丽平静的生活中，孟德尔敏锐地抓住了一个自然的奥秘。

当时的人们熟知有关遗传的一般见解，即当双亲具有相反的特征时，例如，一方是黑的，另一方是白的，或者是一方高的，一方矮的，通过所谓的混合遗传，其下一代将处于介乎中间的某点上。然而，孟德尔在观察豌豆的生长过程中，却发现上述的传统遗传理论是错误的。

滴水可映出太阳，从最简单的事物，人们可以了解到普遍的规律。这时，孟德尔对普通豌豆的杂交发生了兴趣，他阅读过当时的禁书——达尔文的进化论学说，这表明孟德尔当时的确具有冲破传统科学理论框架的远见卓识。他认为，要解释生物的千姿百态的形态和颜色，必须进行生物杂交实验的观察，他希望通过研究植物的遗传，去进一步解开人类遗传的秘密。

长期的栽培实验观察中，他把豌豆作为实验对象，也表明他独具慧眼。他在修道院的植物园中，挑选了22种形状、大小、颜色各不相同的食用豌豆，用了7年的工夫，把它们交配、再交配、互相交配，并仔细记录、分类、计数，从中得出了惊人的结果，孟德尔把自己的发现归纳为以下一般原理：

（1）当两种不同类型的植物（或动物）杂交时，它们的下一代将统统是一模一样的（孟德尔称之为统一律）。即将红花与白花杂交，其后代将是灰色的。

（2）当不同植物品种的统一的新一代被拿来再交配时，结果下一代就不再是统一的了；并按照一定的比例，构成不同的形式（孟德尔把这叫分异律）。

例如，假如你将红白花杂交获得的灰色花相交配，其结果将是：8株后代中，将有2株红色的、2株白色的、4

株灰色的。这一代的红色花互相交配其结果将是红色花，白色花相互交配也将是白色花。但这一代的灰色花互相交配的结果，却跟前一代的灰色花互相交配的结果一模一样，仍将是二红、二白和四灰。而所有这些花朵，都按孟德尔的分异律依次遗传下去。这种分异律对以后每一代的动植物或人类的“杂交”，都一样适用。这就是孟德尔遗传定律。

以今天的科学发现来看，孟德尔遗传定律难免有粗糙和简单化的缺点，但它不愧为伟大的科学创造。遗憾的是，孟德尔并没有能亲见自己心爱的研究所产生的巨大影响。1865年，他把自己的论文投寄给布尔诺自然科学研究会，研究会有礼貌地听取了孟德尔的演讲。孟德尔这篇题为《植物杂交试验》的学术报告，既引不起听众的兴趣也无法使他们理解，在一阵稀稀拉拉的掌声之后，人们就把它彻底遗忘了。

孟德尔还没有完全丧气，他坚信自己亲见的试验的确是揭示了一个伟大的真理，他把论文正式出版，然后寄往大约120个大学和科学组织。可是，在这些机构中，竟然没有一个科学家给孟德尔回过信，或告诉他自己已读过这篇论文。这论文肯定被埋没在图书资料室的尘埃中了。

与此同时，孟德尔与当时的著名生物学家通过信，其中就有慕尼黑的内格里教授。可是，这位大人物并没有给孟德尔任何鼓励，在一封屈尊的回信中，奉劝孟德尔放弃豌豆试验，转去搞他本人爱搞的山柳菊属的种植。实际上前者才是研究繁殖的很好的试验对象，而后者则很不合适。

历史再次证明，超前于时代的真知灼见往往不易被同时代的人所理解。由于孟德尔在科学上的努力处处受人冷落，他彻底灰心了，只好把旺盛的热情转到修道院和教学工作方面，因为他的劳动还能博得人们的承认和尊敬。

事隔多年，当地的人还能追忆起孟德尔许多令人肃然起敬的往事，尤其是中学生们特别喜欢他。孟德尔不仅形象滑稽，而且讲课认真生动。例如，他曾对学生讲，有一天晚上，当他渐入梦乡，一只平时和他嬉戏的刺猬爬进了他的一只高桶靴里，第二天早上当自己把脚伸进靴子里，一声惊叫，脚趾仿佛给扎进了上千根钉子。说到此时，学生们不由得轰堂大笑。孟德尔就是时常以形象有趣的故事把学生们引入自然的天地，使他们热爱大自然恩赐给人类的美好生活。

孟德尔的修道院植物园成了学生们的知识乐园，他让孩子们尽可能地熟悉这里的一花一木。而且，只要马戏团来到镇上，他总要带孩子们去和动物“谈心”。有一次，孟德尔为了吸引一只猴子的注意，靠铁栏太近，猴子冷不防夺走他脸上的眼镜。结果，孟德尔费了九牛二虎之力跟猴子说理，脸上被抓伤几处，那小东西才交出夹鼻眼镜。这一戏剧性的场面把学生们逗得前仰后合。

然而，永远年轻的孟德尔，最终还是告别了孩子们，因为他已被提拔为修道院的院长。

19世纪下半叶的修道院院长，已属薪俸较高的职业，这对于孤身一人的孟德尔来说，正是一个实践“施比受有福”信念的机会。据说，孟德尔不仅担负姐姐3个儿子上中学、大学的全部费用，即便是对陌生的人，他也慷慨乐施。每逢遇上盛大节日，他都要在修道院大办招待，让全体村民享受一番“天方夜谭”般的乐趣。

孟德尔的生活态度真诚而严肃，所以人们对他始终深怀敬意。然而，德国议会在1874年颁布的一条法律，却夺去了他下半生的乐趣。国家要对教会征收财产税，孟德尔则认为这条新法律有违宪法规定，他拒绝执行，作为补偿，他宁愿向国家财政当局提供“献金”，结果，孟德尔的主张自然被政府拒绝了。这样，一场旷日持久的官司便进行了将近十年。孟德尔把自己看成是“为正义而孤军奋斗的十字军战士”，而政府却把他看成是“拒绝遵守法律的老糊涂”。

世俗的纷争无疑损害了孟德尔的健康，官司毫无结果，这使他患了神经质的毛病，特别容易激动发怒。他在苦闷中总希望那条“可恶的法律”被取消，但始终不见云开雾散。1883年春天，孟德尔又患了一场严重的心脏病，好不容易才使身体恢复过来。

就在这位生物学家即将告别人世的前几个月，人们看到孟德尔仍在花木、鸟雀和蜜蜂中间，潜心研究生命规律的实验。有一次，一名来访的客人问他为什么要把一只蜂后关进装有几只雄蜂的笼子，孟德尔风趣地说，为了要避免巧女嫁拙夫的不幸，他是让蜂后自己去选择一个合格的配偶。

1884年1月6日，孟德尔悄然离开了人世，布尔诺的人们闻讯，纷纷聚集起来向这位可敬的修士致哀。然而，

外界对此却丝毫没有任何反应。举行葬礼之时，在当地一位音乐家演奏风琴的乐曲声中，人们含泪送走了这位德高望重的长者，但却无人知道他是19世纪末叶最伟大的遗传学家。而且，继任的修道院院长还将孟德尔的遗稿付之一炬。

孟德尔在自己62年的生涯中，仅在一家不引人注目的杂志上发表过一次文章。1900年，他的论文重新被科学家发现，他的思想便有如异军突起。这一年，正当壮年的美国学者托·亨·摩尔根访问了荷兰的希尔维瑟姆，植物学家德弗里斯就是在那里发现了孟德尔的论文。此后，一场围绕孟德尔定律的遗传学研究在生物学界广泛地展开，正是这位托·亨·摩尔根继承和发展了孟德尔的学说，从而成为20世纪生物学多方面发展的领头人。

法拉第　天才的棱角触碰命运的幕帷

阿拉伯有句谚语："无论你有多少知识，假如不用便是一无所知。"

知识来自书本，更是来自实践。这方面，法拉第是一个楷模。

法拉第只是一个铁匠家庭的孩子，从小没有受到过良好的教育。13岁就在一家书店当了8年送报装订书籍的学徒。这期间，他废寝忘食、如饥似渴地学习，挤出一切休息时间贪婪地力图把他装订的一切书籍内容都从头读一遍。读后还临摹插图，工工整整地作读书笔记；用一些简单器皿照着书上进行实验，仔细观察和分析实验结果，把自己的阁楼变成了小实验室。

幼年家境贫寒，未受过系统的正规教育，作为一个人的人生，很难说是完美的。但法拉第却并不因此而放弃，他通过读书获得知识，更是通过实践来获得知识；终于在众多领域中做出惊人成就，在化学、电学、电磁学等诸多领域都做出过杰出贡献。

法拉第堪称刻苦勤奋、探索真理、不计个人名利的典范。

诺贝尔奖获得者朗道曾说过，科学界中有这么几类人：其中一类可形象地比喻为“倒立的正三角形”，他们受过充实的基础训练，但视野狭小，又由于缺乏科学发现的敏锐性，最终都没有作出一流的成绩而终其平庸的一生；另一类恰好相反，类似“金字塔形”，基础牢固，知识面广，且思想锋芒毕露，能站上事业光辉的顶峰；还有一类人，如同有棱有角的“棱形”，基础不好，但却极具发现真理的敏锐性，因而也能在事业中取得不俗的成绩。朗道把大多数人列为第一类，把爱因斯坦、牛顿列为第二类，此类人数最少。他把自己列为第三类。

朗道的话虽然不完全正确，但以之对照不少伟人的经历，的确可以说是把他们的形象勾画得入木三分。例如，伟大的英国物理学家和化学家迈克尔·法拉第（1791—1867）就属于“棱形”的科学家。法拉第一生中发现的科学奥秘至今仍为世人赞叹不已，而且为后来的许多诺贝尔奖获得者铺平了道路。然而，即使他生在诺贝尔之后，却像爱迪生那样，终归与诺贝尔奖无缘。为什么这样说呢？关于这点，我们还得从这位伟人的生平说起。

18世纪末叶到19世纪初叶，那是一个充满机遇的岁月，蒸汽机的发明和推广，把资本主义世界推向了蓬勃发展的轨道。然而，幸运总是属于那些敢作敢为的冒险家，贫穷和艰辛总是落在默守成规的老实人身上。1791年9月22日，法拉第出生在老实巴交的铁匠詹姆斯·法拉第家中。他们一家六口，仅靠微薄的收入勉强度日。迫于无奈，长子罗伯特13岁就进了铁匠铺当学徒。

一年后，迈克尔·法拉第也有13岁了。父亲想到他该结束学业去当学徒时，就叹气说道："唉，打铁太辛苦了，迈克尔不能再学铁匠了。"

就这样，法拉第进了伦敦布兰福德街2号雷伯先生的书铺当学徒，从此也就改变了他一生的命运。风吹日晒，起早摸黑去送报，没日没夜装订书籍，接货送货，这对一个穷孩子来说算不了什么，只要有一口饭吃，小法拉第就能健康成长。更为重要的是，他的求知欲也强烈得出奇。工作之余，别无嗜好，法拉第唯有同书报相伴，他如饥似渴地吞下手中凡能接触到且能够消化的书本知识。

法拉第住在店铺里，一天到晚都能闻到纸张、油墨、胶水和小牛皮的气味，别人都感到郁闷难当，可是他却感到芳香扑鼻。除了辛勤的劳动，他还会把每本经他精心装订的书仔细浏览一番。什么《化学漫谈》、《一千零一夜》、《莎士比亚全集》，甚至是《大英百科全书》，法拉第都浏览无遗。这种周而复始的生活，一直延续到1812年他21岁的时候。

要说知识的广博，法拉第就像吸满知识之水的海绵，要说什么最令他心醉神迷，那就是物理和化学。爱因斯坦曾说：“兴趣就是最好的老师。”少年时代的法拉第，他不仅沉迷于知识迷宫的理论之中，而且还是个身体力行的科学实验家，他在弄懂书本所谈到的物理化学现象和原理之后，免不了都根据这些原理亲手做一遍实验，他要亲眼看到那些神奇的现象都真实地展现在自己的眼前。

那时候，人们常常可以看到这个小学徒，跑到药房去捡别人扔掉的小瓶子，再花半个便士买一些最便宜的药品，然后回到他的小阁楼，把那些瓶子试剂一一摆开，这里就成了一个小小的实验室。从此，小阁楼不时“噼啪！”地放电，不时散发出难闻的气味……这一切都把邻居弄得目瞪口呆，甚至担心大祸临头。然而，法拉第却是乐此不疲，每有新的发现，或是把书本之说付诸现实，他感觉自己就仿佛成了梦中的快乐王子，贫穷和劳累早被抛到九霄云外。

从单纯的意义上说，法拉第可说是自学成才。他通过长期严谨的自学和实验，包括学习各种实验的设计、绘图，设备的制造和程序的制定，事实上他已把自己造就成了一个卓越的物理化学实验大师。这一点，可说是同时代的人中无与伦比的。然而，从理论的学习和提高上说，法拉第又存在明显的不足。沉湎于实验，难免会忽略对高深数理知识的追求，而且后者也较难自学成才。后来，法拉第的科学发现经历证明，由于数理知识的不足，使他失去了许多登上科学顶峰的机会，而只能把攀登的云梯让给别人。

当然，聪明的法拉第也知道闭门造车的局限，因此，除了依靠自己的努力，他还尽可能地向能人学习。从1810年开始，除了积攒一点可怜的零用钱用于购买实验设备，他还不时从支持他的哥哥那里弄到一两个先令，去听塔特姆先生的科学讲座。

听科学讲座的人为数不少，但可说无人有法拉第这样认真。听了十多次的演讲，经仔细地记录、誊抄、编制插图，在书籍装订工法拉第的手下，一本漂亮的《塔特姆自然哲学演讲录》已经成书，它从装帧工艺、封皮、书脊、扉页的安排到书写款式都称得上是一件完美的艺术品。见到他的手工杰作，人们都赞叹不已，同时这本书也为法拉第叩开了命运的大门。

雷伯先生的书铺是个信誉卓著的店堂，不少学术界人士都喜欢把书送到这里来装订。皇家学院的当斯先生也是其中的常客，他早已熟悉勤奋好学而又身手不凡的装订工法拉第。每次见到这个小伙子，当斯先生总是打趣地说："迈克尔，你别老叮住我，我的蜜都被你采光啦！"原来，只要当斯来到铺里，法拉第总有请教不完的问题。

有一天，爱才的里波先生把那本《塔特姆自然哲学演讲录》递给当斯欣赏，当斯震惊了：一个在穷困艰辛劳作的环境中成长的书店学徒，对科学竟有这般入迷执着的追求，这太不可思议了。

"迈克尔，你想到皇家学院去吗？"

"去干什么？"

"去听戴维教授的科学演讲。"

“太想去啦！”法拉第几乎高兴得要跳起来。

就这样法拉第从当斯先生的手上得到了进入皇家学院演讲厅的入场券。戴维教授是法拉第慕名已久的大化学家，从此，神奇的命运把两人紧紧地联系在一起。

同上次听塔特姆演讲一样，法拉第也是一个独一无二的虔诚学生，笔录、画插图、补充润色和誊抄、装帧，一本精美漂亮的《亨·戴维爵士演讲录》又从他手中诞生了。戴维不仅激发了法拉第对科学的热爱，也促成他决心要挣脱命运的枷锁去献身科学的大胆举动。

1812年12月，在实验中受了伤的戴维教授收到了一封信，打开一看，他完全被感动了。除了法拉第那封言辞恳切、愿为科学献身的求职信，最主要的还是那本《亨·戴维爵士演讲录》，那娟秀的书法，精美的插图，条理明晰的编排……这分明是一个经过严格科学训练的人才能创造出的精品，睿智的戴维深刻地洞察到这个作品背后孕藏着的科研价值。

法拉第的信，也勾起了戴维对自身往事的回忆。他不就同法拉第一样吗？出身贫寒，没有受过全面充分的教育，但他对科学有虔诚执着的追求，他不甘屈服于命运的压力……这不就是戴维自己的切身体会和经历吗？教授动了恻隐之心。何况法拉第说，只要他能到皇家学院工作，就是扫地洗瓶子都行。

科学的大门打开了，1813年，法拉第正式成了戴维教授的助手。他对教授感恩戴德，还兼起了听差的角色。

将近一年过去了，戴维没有看错人，他从来没有遇到过办事如此高效的助手。除了收拾屋子、洗刷器皿、搬运化学试剂，法拉第还要帮助戴维做试验。教授因实验发生爆炸后视力一直不好，法拉第要帮助他观察实验过程，记录仪器读数和登记数据、绘制图表。这些工作法拉第都能准确地完成。除了尽可能地向戴维请教学习，他还拼命地阅读以充实自己的知识。

与戴维工作不久，法拉第就尝到了创造的兴奋。1813年12月，他协助戴维用电解的办法，鉴别出了一种新元素——“碘”。这使他意识到，在人们非常了解的物质中，仍孕藏着丰富和极待开发的宝库。另一方面，戴维也更倚重这位年轻助手了。例如，在1815年以前，煤矿井下瓦斯爆炸，对工人来说，始终被死亡的阴影笼罩，后来戴维和法拉第花了三个月的时间，研制出防止矿灯火焰

外露引起瓦斯爆炸的安全灯，当时被人们誉为如同取得战胜拿破仑的另一个“滑铁卢大捷”。为此，戴维在1818年的论文中曾写到：“我本人感谢法拉第先生，在我的实验中，他给了我许多有力的帮助。”这对一个地位低下的助手来说，确实是一种非常难得的赞语。

然而，戴维在1819年受邀到罗马攻关时，当他一筹莫展向法拉第求援，却被自己这个助手谢绝了。原因就在于虽然戴维很赏识法拉第，但戴维夫人始终把法拉第看作一个低贱的下人，这严重地伤害了他的自尊心。何况，皇家学院也的确离不开他了，实验室被他管理得井井有条，面目一新。

戴维生前曾对人们骄傲地说过，他一生最重要的发现，就是发现了法拉第。反过来说，如果没有戴维的鼓励和提携，法拉第的确自信不足。导师的大胆和干劲，成了他动力的源泉；而导师不够细致和严密，这又是助手的所长。这样，长期的耳濡目染，法拉第可说是扬长避短，青出于蓝而胜于蓝。

在戴维的帮助下，法拉第在皇家学院的化学杂志上陆续发表了科学论文，信心也逐渐得到增强。他开始提出一些课题，又为解决它们找出办法，但他总是感到自己的知识不足。例如，法拉第曾仔细地研究过气体通过毛细管的情况，他发现气体愈轻，通过毛细管愈快。这可是发现“气体扩散定律”的前奏。可惜的是法拉第不懂得数学，因而未能看到自己研究成果中如此显然存在的规律性。后来，这一彪炳化学发现史的殊荣，让他的同胞托马斯·格拉罕姆得到了。法拉第与这一殊荣真可谓是失之交臂。

不锈钢，这种今天仍有着巨大经济价值和广泛用途的合金，事实上也是法拉第最先研制出来的。那是1819年的夏天，一个精神饱满、两鬓斑白的人走进了法拉第的实验室。法拉第疑惑地看着来人。

“我叫詹姆斯·斯托达特，切削工具厂的厂长，特来向迈克尔·法拉第先生请教。”

“我就是。有何贵干？”

原来，斯托达特是慕名前来请法拉第研究不锈钢的，因为他工厂生产的优质钢刀具容易生锈，这就使结实锐利的刀具失去了耐用的优点，他希望资助法拉第去解决这个难题，同时他还提供了陨石和一种耐腐蚀坩埚钢的样品。法拉第是解难题的能手，他欣然接受了。

症结很快找到了，通过化验，法拉第弄清了不锈钢的铁、铬、镍等成分，他还制备了冶炼不锈钢所需的许多合金样品。可是1823年斯托达特突然去世，无人再支持这项试制工作，遗憾的法拉第只好把许多钢的样品集中起来，放进学院地下室的一个大箱子里。以后他再也没有继续这项研究，因为更有趣的课题已把他引往他处。

法拉第与俄国的大化学家齐宁教授一样，后者曾发现硝化甘油的爆炸威力，但却没有继续去研究控制它，更没想到把它推广运用到实处，这工作和成就随后让诺贝尔完成了。法拉第没有坚持研究和推广合金钢，这也是留给后人的一个极好的教训。他不爱财富，他认为自己应该去做一流的科研工作。什么是19世纪第一流的科研工作，那就是电磁学。

1820年10月的一天，法拉第正在做气体液化的研究，导师戴维走进实验室，把一份《哲学年报》递给法拉第，他激动地说："读一读这篇文章！上面报道了极端重要的消息。丹麦物理学家奥斯特发现，磁针在通上电流的导体附近发生了偏转。"

"这正好证实了我的设想。"法拉第的心开始加快了跳动。“我一直认为电和磁的本质一样。作者说明偏转的原因是什么呢？”

“目前未见说明，只报道了事实本身。”

“我们验证一下，把论文谈到的试验重做几遍，也许，我们能够弄清这种现象的本质。”

他们说干就干。法拉第凭着他天才的直觉意识到：一扇紧闭的科学大门猛地打开了，那里过去是一片漆黑，如今充满了光明。事实上，眼下全世界的科学家都在向前冲刺了，他也要争拔头筹，那就是要弄清电流和磁的相互作用关系。

在这场竞争中，戴维却落伍了。原因就在于他始终不能专注如一，自从1820年他当上皇家学会会长之后，荣誉、疲劳和衰老已消弱了戴维的创造力，他没想到，电磁学研究的后来居上者，却是他的助手法拉第。

1821年底的一天，法拉第结束了实验，走出工作室他几乎要欢呼雀跃了。回到家里，他对妻子嚷道：

“萨拉！今天双喜临门！第一，我找到了新定律的结论：磁针相对于电流的方向准确地成直角偏转；第二，我制成了一种仪器，里面的磁铁能够不停地环绕着固定的导体旋转。”

“迈克尔，这我可不懂，但愿你能福星高照！”妻子由衷地祝贺丈夫。

事实上，法拉第是做出了世界上第一台电动机。“电马达”这意味着什么！它是人类生产力解放的伟大里程碑，有了电马达，那些笨重的蒸汽机就要被淘汰，这种空前强大的动力将彻底改变工农业生产的现状，它的出现的确是人类头上高照的福星啊！遗憾的是，法拉第如同发现不锈钢一样，他没有过多地去想那些奇妙的前景并付诸现实，他觉得自己应该更多地去进一步了解“电和磁的本质”。

然而，现实生活仍然是残酷的。法拉第更没有想到，当他的成果一发表，却博得了“剽窃”的“美名”。当时科学界的人都在盛传，法拉第登在《科学季刊》那篇关于电磁转动的论文，是偷了沃拉斯顿博士的成果。闻讯，法拉第痛苦得难以自持。沃拉斯顿的实验是验证在磁场中，通电导体会绕着自己的轴转动，可法拉第的实验是叫通电导体绕着磁铁转动，这两种实验，不论方法、技巧、仪器，甚至是理论解释都不同。

这种混淆是非黑白的谣言是从哪里来的呢？为此，法拉第和沃拉斯顿作了一次坦诚的交谈，双方达成了谅解。可是在节骨眼上，戴维这位皇家学会会长却没有站出来为法拉第说句公道话。原因就在于，戴维认为法拉第这个地位卑微的小人物，居然在竞赛中把自己在内的许多电学权威都甩在后面，他受不了啦，不愿再为法拉第作嫁衣。法拉第失望极了，他心目中崇拜的偶像塌了，多年来他任劳任怨地为导师工作，甚至当仆人，如今他解脱了，往后他决心义无反顾地走自己的路。

事实上，师徒之间的冲突还在后头。1823年法拉第成功发现了在化学工业发展上具有重要意义的氯气液化法，结果又被戴维抢了头功。虽然法拉第当时已经崭露头角，且被选为巴黎的科学院通讯院士，但在英国，他还是皇家学院实验室的一名助手，成绩当然要归功于教授。

不过，戴维压制法拉第的行为也引起了科学界同行的不满，以沃拉斯顿博士为首，29位皇家学会会员联名提议法拉第为学会会员候选人。这实际上是使会长难堪，戴维愤怒了，他勒令法拉第自动放弃提名。法拉第再也无法忍受了，他只是冷冷地对戴维说：“爵士，我相信你一定会

做出对皇家学会有益的事情。”

从此，师生两人恩断义绝。为了反击戴维的压制，法拉第在《科学季刊》发表文章，他含蓄地指出，最早的氯气液化实验，既不是戴维，也不是法拉第做的，而是英国化学家诺思莫在1805—1806年做过的。

法拉第的成就已经举世瞩目，皇家学会会员他当之无愧，反过来，戴维却成了孤家寡人。不过，与戴维的关系破裂，还是使法拉第感到惆怅，他常常自问：如果当初没有戴维的引荐，自己会不会有今天的成就呢?

既然戴维已给他安上了翅膀，雄鹰就只有腾飞了，法拉第把痛苦化成了力量，几年间，他的研究成果接连问世，而戴维却一天天衰老下去。

终于，戴维醒悟了，他毕竟是个自然哲学家，知道辩证地看问题。1825年2月，戴维提名让法拉第担任皇家学院实验室主任，这可是他自己曾担任过的职位。在戴维弥留之际，人们问他一生中最重要的发现是什么，戴维回答：“是法拉第。”是啊，时间就是印证了那句老话“金无足赤，人无完人”。

戴维故去，法拉第感到对恩师最好的纪念，就是要继续拿出一流的成果，长期以来，为了摆脱学院的经济危机，他把大量的精力都耗费在应用科学实验上面去了，如今他要恢复自己最钟爱的电学研究，何况，他也不用再担心别人说他抢地盘了。

把磁转变成电，这是法拉第多年的梦想。少年时代，他就酷爱电学，长期在皇家学院实验室工作，可以说是每天都在和伏打电池打交道，伏打电池又大又笨，制造、搬运、更换都极其麻烦，要是能够用磁电感应的原理制造出永久性的稳定电源，那无疑是个惊天动地的发现和进步。

从1821年发现电磁转动以后，经过长期的思索和反复的试验，法拉第于1831年10月17日，才真正实现了把磁转变成电的理想，当时他用精确简明的文字把实验结果记录在册。当电磁感应的发现一公布，马上轰动了世界，它的出现预示着发电机和变压器的诞生，有了发电机和变压器，电就能源源不断地生产，并且能输送到任何一个地方，电的光明将会照亮整个的人类社会。“电磁感应”，这就是法拉第一生中最伟大的科学发现。

法拉第没有经过多少高深数理科学理论的训练，但他知识全面，文笔好，思路清晰，这使他写作的《电学实验研究》成了物理学的一部经典之作，伟大的发明家爱迪生就是看了这部书从而获得了许多创造的灵感。法拉第发现的许多原理和定律今天也已被写进了教科书。凭着勤奋、睿智和敏锐非凡的洞察力，法拉第还在许多重要的科学探索领域中抓住问题的本质展开讨论。

事实上，法拉第所处的时代，正好是近代科学取得突飞猛进的时代，除了他的发现在其中占有光辉一页之外，以法国科学家安培为首的物理学家，还发展了牛顿的思想，把电磁学纳入了牛顿力学的轨道，并取得了一定的成功。

面对眼花缭乱的科学进展，法拉第非常谨慎。他看不懂安培的理论，因为他数学不好，只在小学学过一点加减乘除，成长之后，忙于生计和做实验，也没有系统地学习数学，自然无法理解安培用数学语言表述的电动力学。法拉第只相信实验，可他的实验结果却与安培的理论不相吻合。因此，他怀疑安培的理论是走向了歧途。

安培的电动力学是遵循伟大的牛顿力学发展起来的新理论，能够动摇他，那当然是对科学发展的巨大贡献。经过反复的实验，法拉第提出了一种与牛顿力学有本质区别的“场”的概念。牛顿力学认为空间就是一无所有的真空，物质只有一种形态；而法拉第的“场”论则认为空间充满了场，其中有磁力线、电力线，如果再考虑光、引力等等，“场”的性质内容就更丰富了。这真是一种伟大的思想！可惜的是法拉第的探索仅是初步，他的数学水平不高，还不能对自己的“场”论进行数学的概括和分析，并给出严格的推导和证明。

法拉第对“场”的种种感性的描述，不能在理论上深化提高，这当然是经过严格数学训练的物理学家所不能接受的，为此，他的“场”论遭到了许多嘲笑和攻击。1842年出版的《大英百科全书》，对法拉第发现的电磁感应现象只是轻描淡写，对他与牛顿学针锋相对的“场”论干脆不提，甚至在1860年版的《大英百科全书》，还是把法拉第的新思想称为“操之过急的猜测”。可见超越时代的真理还真不容易得到人们的承认。法拉第对牛顿理论进行挑战，事实上就是物理学史上的又一次革命，限于他自己知识的局限和同时代人们的误解，他只好把接力棒交给后来的爱因斯坦等人继续冲刺了。

法拉第始终坚信自己眼见手触的实验，至于金钱财富、名誉地位，乃至讽刺打击，他都不屑一顾。这正如贝多芬所说：“几个苍蝇咬几口，决不能羁留一匹英勇的奔马。”

由于拼命地工作，用脑过度，法拉第曾一度病倒，得了头晕和健忘症。正因为如此，他的《电的实验研究》才越积越厚，实验日记中筛选出的金子也越来越多。这样，大器晚成的法拉第终于获得了举世的公认，由于法拉第电磁感应定律不仅为世人企盼的“磁生电”找到了各种途径，而且给出了数量关系，为此，牛津大学授予了他名誉博士学位，接着各种数不清的荣誉、奖励也纷至沓来。

法拉第在荣誉面前也体现了高尚的风范，他感到回报社会最好的方式还是工作。所以，他尽可能地杜绝社会交际，始终把自己最主要的精力投在电学的研究上面。

光和电的关系，一直是物理研究的一个引人入胜的课题。1845年，法拉第多次采用各种不同的实验方法来研究光电关系，结果都失败了。然而，法拉第不是那种死碰硬撞不会拐弯的人，既然用电场影响光的实验失败了，那么，把电场改成磁场试一下又会怎么样呢？

结果成功了，法拉第在1845年9月13日的实验日记中记下了这一划时代的发现：两种毫不相干的自然现象，磁和光竟是密切相关的！太奇妙了，这不正是“场”论思想的胜利吗！法拉第的信念——自然界的各种“力”是统一的，终于得到了实验的再次证明。

鉴于法拉第众多的杰出贡献，1846年，皇家学会再次授予他伦福德奖章和皇家奖章。把两种荣誉同时授予一个人，这在皇家学会的历史上是罕见的，它向人们显示了法拉第是一位科学发现的天才。然而，作为一个理论科学家，法拉第还是没有得到公认。

法拉第1846年发表的《间于光振动的想法》学术报告，后来被誉为电磁学发展的一座里程碑，因为它指明了今后几十年光的电磁理论的发展方向——光是“力线的振动”。然而，要说明问题的实质，却必须要从数学上加以论证，而这正是当时的法拉第所无能为力的。所以许多著名学者看到这篇缺乏数学充分论证的论文时，都说法拉第是异想天开，这篇具有远见卓识的论文因此极受冷落，连法拉第也丧气地说自己不是一个“自然哲学家”。

是不是同时代的自然哲学家都是轻实验重空想呢？回答是否定的。牛顿的母校英国剑桥大学是笛卡尔数学学派的阵地，导师都主张把数学当作研究客观世界的工具，剑桥生除了数学系还兼作物理学或天文学的研究，后来，成为法拉第学说知音的麦克斯韦，就是在剑桥的学术气氛中成长起来的佼佼者。

当读了法拉第的《电学实验研究》，年轻的麦克斯韦马上被法拉第新颖独到的思想吸引了，除了敬佩，他也看到了法拉第的缺陷，如表述方法不严格、有漏洞，他马上意识到，补充完善法拉第的思想和发现，自己的数学才能正可大显身手。

1855年12月，麦克斯韦的第一篇电磁学论文《论法拉第的力线》发表了。在论文中，法拉第对电流周围的磁力线所作的物理描述，被麦克斯韦概括为一个矢量微分方程。法拉第的物理直觉能力和麦克斯韦的数学分析技巧终于结合在一起，这是电磁学中实验和理论结合而腾飞的光辉起点。

法拉第晚年遇知音，欣喜万分，他马上向年轻的麦克斯韦表示了敬意和祝贺。更重要的是，他能眼见到自己亲手把科学赛跑的的接力棒交给了下一代。

1864年，麦克斯韦又发表了一组完整的描述电磁场运动规律的方程，从方程可以解出电磁波，方程中的一个常数C，即真空中的光速，每秒30万公里，而电磁波的传播速度正好是这个常数。这就是著名的麦克斯韦方程。

科学大厦的构筑需要无数人的努力，一项伟大的发现及其付诸造福人类的实践，也需要经过数代人的艰难奋斗。“场”论也一样，很遗憾，法拉第，包括麦克斯韦，最终都没有亲见电磁场理论的胜利。在1887年，是德国青年科学家赫兹用实验证明了电磁波的存在，而且准确地验证了法拉第和麦克斯韦的伟大预言。正如今天的人们所熟知的那样，不论是无线电话、电视、雷达，以及数不清的无线电技术，事实上都源自法拉第的“场”论思想。可是法拉第已远在1867年就离开了人世。今天，人们在英国海格特公墓，看到他那普通的墓碑上，除了生卒日期，也仅仅是刻有“迈克尔·法拉第”这么几个大字。本来，法拉第是可以同牛顿一样，葬在名人显贵云集的威斯敏斯特大教堂陵墓中，但是他谢绝了英国女王的爵士封号。

尽管法拉第生前没有被公认为自然哲学家，但他可以无憾地安息了，因为没有他的伟大预言和麦克斯韦的努力，就不会有赫兹的成功，也不会有爱因斯坦的相对论。

爱因斯坦曾感激地说过：“我相信，从法拉第的电磁场概念中，后世仍旧可以学到许多东西，一点也不比前人已经学到的少。”

两位伟人惺惺相惜，他们的思想一脉相承。爱因斯坦的话，无疑是对法拉第的科学功绩最好的追怀和纪念。

爱因斯坦 跌宕起伏见人生

有句名言说，上帝是一位精明的商人，他给你一分天才，就给你好几分困难。

发明“相对论”，为世界科学界做出巨大贡献的科学家爱因斯坦，被人们喻为“天才”。

实际上，爱因斯坦曾是个“笨小孩”，他到3岁还不会说话，7岁时无法把话大声说出来，9岁不会阅读，这个德国犹太男孩在传统教育中被认为是残次品。

爱因斯坦在学历教育中的反应虽略显“笨”，但他却在精深思考方面下足功夫。在面对人生道路上的挫折时，尤其是遇到学习困难的时候，他从来就没有胆怯过。“学习知识要善于思考，思考，再思考。”他不仅是这样说的，也是这样实践的。

在他获得成功之后，面对如潮的鲜花和掌声，爱因斯坦仍然很坦然，他到普林斯顿大学工作时，要求配一个大的纸篓，说“我要将许多错误丢在里面”。

一个青年，整天缠着爱因斯坦，要他公开成功的秘诀。爱因斯坦写了一个公式给他：A=x+y+z。“A代表成功，x代表艰苦的劳动，y代表正确的方法，z代表少说废话。”

爱因斯坦如是说。

在科学发展史，阿尔伯特·爱因斯坦（1879—1955）这个名字光耀日月，“只有伟大的牛顿才勉强能与他的地位并列”。然而，这个科学王国中的万神之王，他的生活道路并不平坦，在他的学习和创造生涯中，不仅遇到了许多坎坷，也留下了不少深深的遗憾。即使到了功成名就之时，爱因斯坦过得也不像帝王，他蔑视世俗的权势，始终习惯于平凡，唯有追求真理，探索自然规律才是他生活目标的终极。

1879年3月14日，在德国阿尔卑斯山麓，多瑙河左岸的乌尔姆城，一个新的生命诞生了，这就是阿尔伯特·爱因斯坦。这个犹太人家庭出生的孩子，到了三岁还不会说话。不过从他那明亮的大眼中，还是透露出不少灵气。

爱因斯坦的父亲是个工厂小业主，他爱好文学，空闲时间经常在妻子和孩子面前大声朗读海涅等人的美妙诗篇。母亲包琳文化修养更高，尤其善于演奏钢琴。幼年时代的爱因斯坦，就时常围绕在母亲身边，聆听母亲手中发出的各种充满诗情画意的乐音。后来，这位伟大的科学家一生都酷爱音乐，这与母亲的熏陶就有极大的关系。

到了四五岁，几乎快上小学的年龄了，可爱因斯坦还是不大会说话，做父母的急了，给他请来医生，诊断的结果是没有病。看来这个天才自小就有点不同寻常，他乐于吸收和思考，不喜欢跟着其他孩子大喊大叫。可不是吗？当其他孩子在一起嬉闹游戏之时，爱因斯坦就躲在角落里摆弄积木。有一次，父亲送他一个罗盘，他摆弄琢磨了老半天，人们见他愣着神想说又说不出什么。

后来随父亲迁到慕尼黑，爱因斯坦就进了当地的天主教会小学。同样，这个小学生在学习中也没太引人注意的地方，由于不能流利地说话，所以老师说“阿尔伯特脑筋迟钝、不善交际、毫无长处”。这弄得父母也丧气地认为，“这孩子的智力发育是太慢了”。

在同学中，爱因斯坦还得了一个雅号，叫“可爱的空想家”。原因就在于，他只对文学和数学感兴趣，讨厌学习古文和历史。这自然使得他平均成绩很差，靠着优异的数学成绩，他才好歹考上了路提波德中学。

“可爱的空想家”虽是个嘲笑的绰号，但它却反映出了爱因斯坦真正的潜质。后来人们问到爱因斯坦对成功的体验，他仅说道，“我有很强的求知欲”。

爱因斯坦对机械的训练和填鸭式的教育有一种与生俱来的抵触。六岁时，父母就让他学习小提琴，但是长时间严格机械的方法和指法的练习，弄得他对学琴索然无味，进步微小，直到后来他感受到莫扎特音乐的和谐、美妙和动人之处，他的心弦才和琴弦一同欢快地跳动，此后琴技突飞猛进。爱因斯坦是通过学习莫扎特的奏鸣曲来增进技巧的，而不是按部就班地从开塞练习曲、列克莱尔的练习曲开始，用他自己的话来说，“兴趣就是最好的老师”。

功课的学习也一样，他的中学课目平均成绩还是很糟糕，但是求知欲促使他读了许多学校根本没有要求的图书，其中有欧氏几何，笛卡尔、牛顿、斯宾诺沙等人的自然科学与哲学的名著，并且能理解得十分透彻。而勤奋的自学和打下知识广博的基础，这正是科学家创造发明最需要具备的素质。

当然，爱因斯坦这种桀骜不驯、独来独往的学习态度，在当时那种专横、强制的旧式中学里不免受到惩处。而且，那时他的父母为了生计，已远离慕尼黑到意大利的米兰重振家业去了。

正在为前途苦思彷徨的爱因斯坦，这时收到了宽厚仁慈的父亲的来信，信中说：“意大利是充满阳光、色彩缤纷的国家，她的人民自由而又自然。”这话勾起了孩子对意大利热切地向往，他得考虑一个退学后到意大利升学的万全之计。为此，爱因斯坦弄到了一张病假单，数学老师还给他开了成绩优异的证明。可没等爱因斯坦正式提出退学，有一天，训导主任就把他叫去，阴沉地说道：“你最好离开学校。”“先生，我犯了什么过错？”爱因斯坦惊恐地问。“班上的风气都被你弄坏了，你退学吧！”这位训导主任断定爱因斯坦一无是处，勒令他马上离开学校。

具有独立个性和思想的爱因斯坦，不会因生活的暂时挫折而怨天尤人。来到意大利，他一时未能入学，每日，他阅读歌德等人的著作，到博物馆去欣赏文艺复兴时代的典雅艺术，还时常到各地去漫游。不过，沉浸于优美意大利风光的怀抱，爱因斯坦思考得最多的还是自然界的奥秘。为了解开幻想中的谜，他仍在刻苦地自学自然科学和哲学的基本原理。

这时，父亲打破了他的梦幻，“把你的胡思乱想扔掉吧！想办法学点扎实的东西，将来做一名电机工程师吧！”原来，意大利的经济不那么景气了，家里的困窘已难以供养他。爱因斯坦又没有高中毕业文凭，他进不了德国的大学。

1895年秋天，16岁的爱因斯坦只好告别父母，前往瑞士苏黎世投考联邦工业大学。

考上大学，在中国一度被称为“金榜题名”或“登龙门”。可是，像爱因斯坦这样的旷世奇才，他第一次报考瑞士联邦工业大学，居然名落孙山。原来他只擅长文学和数学、物理，那些动物学、植物学、法文等科目考得并不好。

虽然失望和悔恨，性格倔强的爱因斯坦并没有后退，他绝不放弃献身科学研究的志向和理想。天无绝人之路，爱因斯坦虽然考试落榜，但他出色的数学和物理答卷，还是引起了教授们的注意，韦伯教授热情地邀请他来旁听物理课，校长也鼓励他努力补习功课，说他来年一定榜上有名。

就这样，16岁中学还未毕业的爱因斯坦，在州立阿劳中学补习了一年，第二年便如愿以偿，考上了苏黎世联邦工业大学，更令他高兴的是，他说服父亲放弃了电机工程专业，进师范系主修数学和物理。

就像那种力图改变环境，而不是要让环境改变自己的人一样，放弃按部就班的学习，又成了爱因斯坦一贯的作风。他钻研物理学入了迷，连青少年时代酷爱的数学也顾不上了，数学的分支大多太细，钻进去不易出来。物理学则不同，较容易抓住本质的东西，他感到钻研越深，就越有发现。这种不落俗套而又狂热的学习，自然也使他旷了不少其他课。更糟糕的是，有一次上实验课，老师向学生规定了实验操作的程序，不知爱因斯坦是因还沉浸在抽象思维的世界呢，还是故意违反规定的程序，结果是“轰”的一声，试验玻璃容器的爆炸把他的右手炸得血肉模糊。这个平时就使老师看不顺眼的古怪学生难免受到了违纪的处分，物理教授还奉劝他不要再学物理，改行去学医学或法律算了。

事实上，此时爱因斯坦已从奥地利物理学和哲学家马赫的著作《力学》中，找到了在经典物理学中寻找突破口的方法论。爱因斯坦和他志同道合的几个同学好友认为，牛顿的学说认为时间和空间是绝对的，表明两者与一切事物无关，那么空间和时间又是如何存在的呢？牛顿将之归结为神的意志，后来的物理学家必须要向这种不可知论挑战。

然而，这个肩负着20世纪物理学革命伟大职责的学子，眼下却面临着是否能顺利毕业的威胁。这时，是友情帮助了困窘的爱因斯坦。他平时虽行为独特，但并非生活于荒漠。苏黎士有个“都会”咖啡馆，人们经常可以在这里看到爱因斯坦和同学格罗斯曼在喝咖啡聊天。这是有鲜明差别的一对，爱因斯坦不修边幅，想入非非，不落俗套；格罗斯曼则衣着整洁，思想明晰，是个循规蹈矩的好学生。只有对科学真理的追求才把两人紧紧地联系在一起。

此外，当时爱因斯坦的友好同窗还有贝索和后来成为他第一任妻子的米列娃。通过借阅他们的课堂笔记，不仅使爱因斯坦得以顺利毕业，更为重要的是，他们闪光的思想和敏锐的观察力，通过交流，都曾为爱因斯坦后来的科学创造，如伟大的相对论提供过不少启发和真知灼见。

可惜的是，联邦工业大学却没有一个赏识勤奋好学的爱因斯坦的教授。毕业后，格罗斯曼给留下当助教，爱因

斯坦则走上失业之路，更谈不上进修深造了。

毕业后的爱因斯坦当时只能在技术学校代课，还有是去应聘家庭教师……正当为糊口而疲于奔命之际，著名的《物理学纪事》刊出了爱因斯坦的第一篇科学论文《毛细管现象的推论》。

后来，作者戏称这篇习作“毫无价值”。然而，1901年的爱因斯坦却把它看成是谋生的救命稻草。为此，他给当时著名的物理教授昂内斯和奥斯特瓦尔德去信，谋求他们手下的助教职位，并附上了那篇论文。这种谦卑的举动后来还有几次，但都犹如泥牛入海。

这时，贫病交加的父亲已经再度破产，爱因斯坦不能再指望家人的援助了，他把贫穷和屈辱的痛苦咽下心头，幽默地对亲友们说，“天无绝人之路，我还可以挨家挨户去拉小提琴，这总可以挣几个钱吧！”

格罗斯曼曾用自己的课堂笔记帮助爱因斯坦考试过关毕了业，他当了母校的助教后，依然没有忘记落入困境的爱因斯坦，在他父亲的帮助下，伯尔尼专利局录用了爱因斯坦。

在伯尔尼专利局的日子，是爱因斯坦和物理学发展史中，最值得纪念和最不平凡的时刻。当时，爱因斯坦创立了自己的“奥林匹亚科学院”。它是个志同道合的友人知识团体，爱因斯坦和他的一群知音，除了轮流到各家聚会，还常到一家小咖啡店“奥林匹亚”聚谈。这群年轻人竞相阅读斯宾诺莎和休谟的哲学，安培的《科学哲学的尝试》，赫姆荷兹的《知觉论》，黎曼的《几何》，戴德肯特的“数论”，庞加莱的《科学与假设》，以及后来促使相对论产生的“马赫学说”。

那时候，每天爱因斯坦都要步行到专利局工作8小时。他的幽默诙谐和高效率的工作，很快获得了同事和上司的青睐。他缜密的头脑，善于分析归纳的能力，很容易就抓往了专利审核的本质，并很快写出客观简明的鉴定书，分类归档。这种工作花半天时间就足够了。余下的时间，他就进行自己的物理学研究，在他的抽屉里，积满了不少写有公式和演算的小纸片。

1903年1月6日，爱因斯坦和米列娃结了婚。一年多过去，只见那伯尔尼克拉姆胡同的一套简陋的住宅中，一位年轻的父亲，左手抱着儿子，右手却在演算。孩子的啼叫和父亲无意识的哄哭声交织在一起。即使就是这种

时刻，爱因斯坦也不忧心未来，不论何时何地，他只一心向往物理学的世界。所以后来有人问他事业成功的诀窍何在，他诙谐地说道:

“A=X+Y+Z”。

这话的意思就是说“成功=工作+游戏+沉默”。这个当时年仅20多岁的专利局小职员，确实不像个物理学家，他没有名师教诲，连研究物理学最起码的图书资料也没有，但他有勇气和自知之明。经过了多少个不眠之夜，曲折黑暗与希望光明交替，到1905年，科学界终于迎来了奇迹，爱因斯坦思想的激流在冲破千难万阻之后，汇结成了四篇金字塔式的科学论文。

四篇论文中，他挑选了分量最轻的一篇投寄到母校苏黎士联邦工业大学申请学位。这次云雾中露出了霞光，论文通过了，他成了爱因斯坦博士。其实爱因斯坦是不是博士无关紧要，要知道，历史上有上千上万的博士无人知晓，但是在1905年，爱因斯坦凭借着这四篇文章而名噪一时，人们都知道是爱因斯坦发动了科学史上一场划时代的革命。

这一年，莱比锡著名的《物理学纪事》发表了爱因斯坦的三篇论文，一篇是讨论布朗运动问题，文中以有力的证据证明了分子的存在。第二篇是《光电子假说》，它发展了德国物理学家普朗克的量子论，后来因此而获得了诺贝尔物理学奖。第三篇就是《论动体的电动力学》，这是有关相对论的第一篇论文，由于它开创了物理学的新纪元，所以爱因斯坦得以同发现万有引力的牛顿并驾齐驱。

真理往往最初都是掌握在少数人手中。爱因斯坦的伟大发现也一样，由于他背叛了经典物理学，使得当时的物理学权威迷惑不解。为了驳倒爱因斯坦的光量子假设及其推导出来的光电效应公式，美国物理学家密立坎用了十年的工夫去做光电效应实验，而其结果恰恰与爱因斯坦的光量子论十分吻合。

相对论更是如此了，它完全动摇了经典物理学中关于时间、长度和质量的基本原理。同样，这一理论受到了当时的物理学权威的非议。在经过了无数的实验验证，爱因斯坦的狭义相对论才真正成为近代物理学的基础理论。

首先对狭义相对论引起高度重视的物理学权威，是德国柏林大学教授普朗克，他在后来为爱因斯坦写的推荐信中这样写道：“如果爱因斯坦的理论被证明是正确的——

这个我想没有问题——他将被认为是20世纪的哥白尼。”

可是当他第一次得知作者不是大学教授，而是仍然在专利局中干着琐事的小职员，这着实令他吃惊不小！当时许多人也同普朗克一样犯了先入为主的错误。相对论问世两年之后，物理学者劳布兴冲冲地到伯尔尼来找它的作者请教问题。在作者的住处，只见一个年轻人正跪在地上生炉子，他两手沾满了乌黑的粉末。当来人问道：“爱因斯坦先生在吗？”年轻人扔下捅火棍，向客人伸出乌黑的双手。难道这个衣冠不整的青年就是相对论的作者？太令人意外了！尴尬的劳布后来回忆道，爱因斯坦只是戏谑地说：“您瞧，我和人谈辐射，可是这个倒霉炉子，就怎么也辐射不出热来。”

专利局小职员的工作，加上兼任家庭教师，这太耽误爱因斯坦的科研时间了，爱因斯坦的天才要能得到更好地发挥，必须要谋得一个良好的工作条件。这时，他的名声已开始引起母校克莱纳教授的注意，这位过去曾经拒绝过他，后来又接受了他的博士论文的导师，建议他回母校去申请“编外讲师”的职位。谁知，当爱因斯坦向大学提出申请，并附上《论动体的电动力学》（狭义）的单行本后，当局者就把他拒绝了，并答复说：“论文无法理解。”

这下，爱因斯坦失望了，他只好接二连三地写信去谋求温德都尔技术学校和苏黎士中学的教师职位。但仍然没有结果。正所谓“墙内开花墙外香”，1908年，著名的德国教授拉登堡应邀到伯尔尼大学讲学，当他了解到爱因斯坦的近况，就质问校方：“瑞士教授联合会中竟然没有爱因斯坦？这太令人惊讶了！”

普朗克的推荐，拉登堡等人的压力，终于为爱因斯坦在伯尔尼大学中谋得了兼职“编外讲师”的席位。人们常说，否极泰来，1909年9月，欧洲科学权威的中心——德国自然科学家和医生协会邀请爱因斯坦到年会作学术报告，这意味着他已进入了世界名人的行列，狭小的专利局已容不下他了，这一年，他才被母校苏黎士联邦工业大学正式聘为副教授。

当教授，可以整天同物理学打交道了，只是经济拮据的状况丝毫没有改变。为了补贴生话，米列娃在家里收宿了几个学生，以挣钱补贴家用。贫穷也使家庭的矛盾增多了，这时家里添了一个孩子，可爱因斯坦还是我行我素，

生活杂乱无章，他身无分文，却乐天知命。物理系毕业的高材生米列娃成了家庭主妇，“大”小孩子都得伺候操劳，这弄得她心烦意乱，两夫妇免不了要时常争吵。最感冤屈的是米列娃，要知道，在爱因斯坦的创造中，不仅有贝索、格罗斯曼等人的帮助，也有她米列娃的启发和思想，可是她为了家庭，成了一个碌碌无为的半老徐娘。人们后来分析了两人离异的原因，认为真正的裂痕就萌生于此。

1911年，为了增加收入，爱因斯坦举家迁往波希米亚，他去担任布拉格大学的正教授。一年后，他又返回母校苏黎士联邦工大担任教授。不过，这时的爱因斯坦已成了真正的科学界泰斗。

最富有讽刺意味的是，他在1911年召开的索尔维世界物理学大会上遇到了诺贝尔奖获得者，荷兰物理学家昂内斯教授，这位就是当年把大学刚毕业，求职无望的爱因斯坦拒之门外的名教授之一。此刻他抱歉地说：“现在该由我给您当助教了。您十年前写给我的明信片还在。它要送到博物馆中去，让后人看看我这个老头当时有多糊涂！”

更为难能可贵的是，物理学泰斗普朗克和能斯特礼贤下士，亲自到苏黎世来拜访爱因斯坦，并以最优厚的生活和工作条件，邀请他就任柏林大学教授和担任科学院院士。

普朗克和能斯特的热情幽默，把爱因斯坦逗乐了，他笑着说："你们把我当作能下蛋的母鸡．可是我还不知道今后能否再下蛋呢。"

在柏林大学的日子，无疑是爱因斯坦一生中最为重要和充满忧患的第二个时期。他是个和平主义者，第一次世界大战，把无数优秀的科学家都卷入了卫国战争，爱因斯坦要排除战争干扰和反战带来的压力，独立地进行科学研究，这需要多大的勇气！1914年，他终于累垮了，两个月时间体重减掉了十几公斤，他以为自己得了绝症，躺在病床上，他对亲友说道："生死无所谓。广义相对论问世了，这才是真正重要的。"

他的这一最重要的成果发表在1906年的《物理学纪事》杂志上。这是爱因斯坦一生中最引以为自豪的科学发现，为此他呕心沥血地苦思了八年之久。他说狭义相对论即使没有他的研究，别人迟早也会涉足并取得成果，广

义相对论就不同了，因为它从根本上改造了牛顿的经典力学。广义相对论能解释许多牛顿力学解释不了的物理实验现象，刚开始，人们对它近乎玄妙的抽象概念还琢磨不透，但是许多实践却证明了它的伟大预言。例如，爱因斯坦曾预言光线掠过太阳表面发生偏转是在1911年，他计算出的偏转角是1.7秒，“一战”结束后，英国的日全蚀观测队证实了这一推论。面对真理，所以许多一流的科学家都一致认为，广义相对论也许是人类曾经作出过的最伟大的科学发现。

然而，当人类丧失理智的时候，往往就是邪恶的信念排斥压制真理的黑暗时期。爱因斯坦在科学的迷宫中为人类找到了不少正确的途径，而此时，滚滚的乌云也在向他袭来。事实上，第一次世界大战和第二次世界大战的爆发，都是阶级、民族宗教信仰矛盾不可调和的产物。

在“一战”中，爱因斯坦主张和平，这显然有违于当时盛行的狭隘的民族主义。更主要的是，爱因斯坦是犹太人。欧洲各国仇视犹太人可说是由来已久，根深蒂固。天主教认为，犹太教徒是把上帝的儿子耶稣钉在十字架上的罪魁祸首。犹太人流散欧美各国，没有祖国，他们既是最聪明最有钱最体面的人，而更多的则是最穷困最低下的人，这两种都同样遭人嫉恨。

本来，凭爱因斯坦对科学作出的卓越贡献，他早就应该得到诺贝尔奖。可是出于偏见和保守，爱因斯坦也遭到了不少科学权威的诋毁和反对，如斯塔克等人甚至威胁，假如相对论获奖，他们宁可退回手中的诺贝尔奖金。

这个迟到的荣誉是发生在1921年，奇怪的是，爱因斯坦不是因发现相对论而获诺贝尔奖，评奖委员会认为授奖原因是因为“光电效应定律的发现和理论物理学方面的其他研究”。这真是弄得人们有点啼笑皆非。不过，因一项较小的贡献就足以获得诺贝尔奖，它更说明了爱因斯坦的伟大。

早在1919年，爱因斯坦就和米列娃离了婚。米列娃懂得丈夫的价值，但两人的生活并不和谐，他们和气地分手了。爱因斯坦后来和有两个女儿的守寡表姐艾丽莎成了婚。艾丽莎不像米列娃那样精通物理学，但却是善持家务的贤内助，她后来一直与爱因斯坦相处得十分融洽。为了表示对米列娃的歉意，爱因斯坦把获得的诺贝尔奖金全部寄给了米列娃。

与此同时，正当爱因斯坦成为一个举世闻名的大人物时，德国的反犹分子也组成了一个反相对论公司——德国自然哲学家研究小组，为首分子包括诺贝尔奖获得者勒纳德。他们分别在德国的各大城市举行了数十次声讨相对论的报告会。爱因斯坦甚至亲往目睹了这场闹剧。后来，双方又在新闻媒体上公开论战。最有意思的是在德国自然科学家和医生协会的年会上，爱因斯坦与勒纳德唇枪舌剑，正面交锋，结果使伪科学败下阵来。

爱因斯坦十分感激普朗克等人的知遇和支持，他一度想离开歧视犹太人的祖国——德国，然而，因为有许多正直科学家的挽留，加之柏林又是他发现广义相对论的圣地，因而他放弃了早已获得的瑞士国籍，再次接受了德国国籍，他希望祖国会变得美好起来。可是后来他却为此事而后悔不已。

1932年，在那湖光山色中的卡普特别墅，艾丽莎正在为爱因斯坦收拾行装。爱因斯坦手拿烟斗，正目送着一位客人离去，手中则拿着一本书，那是勒纳德等人拼凑的《反相对论百人集》。他苦笑着对艾丽莎说：“要是我的研究错了，一个科学家就能证明，何必兴师动众抬出一百个人来呢？”“别管它，回来再看。”艾丽莎不以为然地说。他们马上要前往美国，爱因斯坦从1930年起就接受了加州理工学院的邀请，每年冬季去讲学一次。

“只怕是回不来了。”“为什么？”艾丽莎问。别墅可是他们倾其所有购置的房产呀！爱因斯坦虽然超凡脱俗，潜心科研，但他对时局的发展具有敏锐的观察力。不出所料，他正在美国加州理工学院讲相对论时，最坏的事情发生了，疯狂的反犹的法西斯狂人希特勒在德国掌权登台。

一个具有公民自由、宽容和法律面前人人平等的德国不存在了。爱因斯坦在纳粹德国成了“犹太国际阴谋家”“共产国际阴谋家”，他的家被抄，著作被暴徒践踏焚毁。这激起了爱因斯坦的义愤，他勇敢坚决地再次放弃德国国籍，他痛心、后悔，他错看了德意志，在漫长的十五年，他倾尽心力忠于和支持德国，如今他有家难回，一切都成为过去。从此，他要向这个暴虐的法西斯国家宣战。

在永别德国之后，爱因斯坦最后一次游览了欧洲，他在布鲁塞尔和伦敦等地，声援受迫害的犹太人，谴责法西斯暴政，他放弃了过去一贯坚持的和平主义。此时，罗斯福的新政给爱因斯坦带来了新希望，他决定重返美国定居。1933年10月7日，爱因斯坦和艾丽莎以及助手、秘书，登上了驶向美国的“西部号”客轮。对这具有历史意义的一刻，法国著名科学家朗之万精确地预言道：“它的重要性就如同梵蒂冈从罗马搬到新大陆去一样。当代物理学之父迁到了美国，现在美国成为世界物理学的中心了。”事实上，意义远不只如此，爱因斯坦赴美，实际上是使爱好和平的人民的反法西斯阵营获得了一个最有力量的巨人。

“贫贱不能移，富贵不能淫”，这话是对爱因斯坦为人最好的写照。

来到美国，爱因斯坦受到了最热烈诚挚的欢迎，他受聘成了普林斯顿大学研究院的终身研究员。今天，普林斯顿这个小城已成了科学的圣地，它是因爱因斯坦的驻留而扬名四海。摆掉了纳粹的白色恐怖，爱因斯坦暂时恢复了平静，他像一个极普通的人，生活在莘莘学子和教授们中间，他又开始沉浸在自己的科学思索和幻想里。

人们常常可以看到，一个满头长发似乎已步入晚年的中年人，有时他嘴含冰棍，脚穿拖鞋横过马路，有时在那鸟语花香的田野里散步沉思。自从发现了相对论之后，在普林斯顿，爱因斯坦又在开始构筑他的“统一场论”了，他决心要用新理论去解释狭义和广义相对论所不能解释的一切物质现象。

在普林斯顿，流传着爱因斯坦许多平凡而有趣的故事，他的平易近人和伟大，也最容易吸引各种各样的人。例如，他最喜欢接受学生，有一天，来了一大群谈笑风生的大学生，他们好奇地问什么叫相对论，爱因斯坦诙谐地说道：“你坐在漂亮姑娘旁边有两小时，只觉得是才过了一分钟；如果你紧挨火炉，只有一分钟，你却像是过了两小时。这就是相对论。”

对金钱的蔑视，也是爱因斯坦的风格。据说他曾用1500美元的支票作书签，结果书和支票都弄丢了。不过，他却能用特有的方式给需要帮助的人以无比慷慨的援助。在反法西斯的战争中，人们需要经费，他们想到了思想战士爱因斯坦。可这位巨人说：“我没有钱。”“有，您只要把第一篇有关相对论的论文《论动体的电动力学》手抄一遍就行。”要是用于反法西斯爱因斯坦没有不干的

道理，于是他把手稿卖得的600万美元全捐了出去。

爱因斯坦主张犹太复国，但绝不主张民族斗争，他为犹太人做了大量的义务工作，后来犹太人提议让他当以色列国的总统，他坚定地谢绝了，他更乐于当平凡的物理王国的君主。

到了1939年，爱因斯坦再也不能关起门来研究统一场论了。战争时局的发展令人忧心，它实质上也是一种残酷的科学研究的竞赛。这时，同盟国和轴心国的科学家都发现，利用原子能的无比威力不仅在理论上可行，要把它转化为实用也为期不远了。假如希特勒手中有原子弹，这意味着爱好和平的国家阵营将面临彻底的毁灭。

这样，同盟国阵营的科学家们敦请最有影响的爱因斯坦致函罗斯福总统，要抢在法西斯德国之前研制出原子弹。

1945年夏天，最令人遗憾的事情发生了，美国B—29轰炸机接连在日本广岛和长崎分别扔下了原子弹。这两地成为焦土和废墟的消息传到爱因斯坦的耳中，他惊呆了。正是他的公式定理奠定了原子弹产生的理论基础，又是他写信给美国总统开启了研制原子弹的先河。可现在无数逝去的无辜生命已无法挽回了，他痛心疾首，他感到这是自己平生犯下的最大错误。造成人民苦难的遗憾，像阴影般笼罩着他的心头。

战后，他的好友、同行都盛情邀请爱因基坦重返祖国，但遭到了拒绝。个人的恩怨可以排除，但在德国对犹太人同胞实行的种族灭绝，他绝不原谅。为此，他大声疾呼和平，共同签发了和平宣言——《罗素—爱因斯坦宣言》。爱因斯坦主张把原子武器的秘密交给一个世界政府看管，把和平的希望寄托于联合国，这不仅是个乌托邦的幻想，而且在“二战”结束后的冷战时期也极不合时宜，因此他也遭到了来自各方的攻击。然而，批评和挫折，丝毫也动摇不了他为和平而斗争的决心，他一再强调：“人只有献身社会，才能找出那短暂而有风险的生命的意义。”

第二次世界大战结束后，饱经人世沧桑的爱因斯坦，已经是满头披散的银发，眼睑上布满了皱纹。这位科学巨人虽然早已退休，不过他每天还是坚持到普林斯顿高等研究院的办公室，他像个依然冲锋在前的战士，坐在写字台前，不断地在草稿上推演自己的公式。他还在研究“统一场论”。

统一场论，这是相对论发展的第三阶段，研究它是基于斯宾诺沙的“物质的延长世界，在某处统一于精神的调和世界”这一观念。爱因斯坦希望把引力场和电磁场统一起来，以此来解决缺乏一贯性和统一性的量子力学所不能解决的问题。然而，几十年过去了，他仍在黑暗中摸索，道路越来越崎岖。他不得不从改变20世纪原子物理学家共同创立的一切理论基础下手，这对于一个单枪匹马在茫茫大海中寻找彼岸的舵手来说，似乎为时已晚。

1955年4月，爱因斯坦积劳成疾，病情恶化，他生命的火花就要熄灭了。可是住进医院，他还吩咐秘书把他的老花眼镜、钢笔和没有做完的一篇计算送到病房来。当他戴上眼镜，用颤抖的手握住笔要在稿纸上写字的时候，这支他用了几十年的钢笔终于不听使唤，滑落到地板上。是啊，爱因斯坦还在牵挂着他的统一场论。这时，他无奈而又不无遗憾地说：“神应该不会恶作剧，但这次似乎开了点玩笑。”

4月18日，这颗人类宇宙中具有头等光辉的科学巨星陨落了。根据爱因基坦的遗愿，他要人们废除一切对他个人的崇拜。他崇尚民主和平等，所以人们不知他的骨灰保存何处。他只是把他的遗憾和理想遗留给了人类，用他自己的理论来说，短暂有限的生命已经终结，他又将复归无限和永恒。

莎士比亚 归宿中无须伴侣

1564年4月26日莎士比亚出生了，默默无闻。1616年4月26日他去世了，举世闻名。

在整整52年的生涯中，他为世人留下了37个剧本，一卷14行诗和两部叙事长诗。他的剧本至今还在世界各地演出。在他生日的那天，每年都有许多国家在上演他的剧本纪念他。马克思称他是“最伟大的戏剧天才”，堪称英国文艺复兴时期最杰出的艺术大师。

“每一个成功男人的背后，都有一个伟大的女人。”可以预料，当他与她分享成功带来的快乐，该是多么美满的事情！

然而，莎士比亚无缘这种快乐！家庭婚姻

的不幸使这位戏剧天才一生紧闭心门，直到生命的尽头，他也拒绝与夫人合葬，不让任何人打搅他冥世的安宁。

托斯妥耶夫斯基曾说过：“人类一定是依照自己的模样，才创造出了魔鬼。”事实上，文学艺术家也往往与之相类，在他们的作品中也常常可以看到作家本人的形象、经历和他们对世界的基本看法。例如，大文豪、英国剧作家莎士比亚（1564—1616）就是这么一个令后人饶有兴味的人物。

有关莎士比亚的生平资料极少，不过，他婚姻家庭的不幸，在零星的记载和他的作品中却有迹可寻。莎士比亚出生在伦敦西北约一百英里外的小镇特拉福。

据说，莎翁的父亲原是个有钱的商人，当他进入青年时代，家道却骤然中落，这使他失去了接受更高教育的机会。18岁时，迫于无奈，莎士比亚娶了一个年长他8岁的女人为妻。婚姻的不和谐，最终还是促使23岁的莎士比亚抛弃了家庭，独自奔赴伦敦谋求发展。

16世纪，欣赏妙趣横生的戏剧表演，是市民消闲的主要方式。也许是具有演员的天赋，莎士比亚很快就在剧院中找到了自己的职位。他最初从演跑龙套的演员开始，不久就成了角色演员，而且还在编写剧本时展露了才华。到28岁时，他已成了远近闻名的剧作家。此后，他笔耕不辍，创作了数十部戏剧、6部诗集。他的作品皆成为世界各大著名剧院的保留节目，就足以说明莎翁天才的罕见。不过，在他生前，人们在品味钟情于他的戏剧之余，却把剧本的作者给淡忘了。我们只知道，莎翁的晚年，是在他的故乡悠闲地度过，以52岁终其天年。

正因为莎翁生前极其平凡，而他的传世之作又如此宏富伟大，所以人们今天对其谜一般的生平纷纷作出各种考证，甚至要在其作品中寻找人生主题的各种答案，其中莎翁的婚姻家庭就是一个热门的话题。根据当时的记载：莎翁生前是个老实人，这与他没有显赫的经历是相吻合的。记载又说他是个颇有人缘的和善绅士。因此，莎士比亚的传记作者声称："我们毫无理由想象他的婚姻生活是不幸的。"

然而，人们又根据资料反驳，莎士比亚作为一个18岁的青年，与一个大8岁的女人结婚，三年间养下了一男两女，然后不久就抛下妻子儿女，背井离乡跑到伦敦，这种分居的生活，难道算得上是夫妻和谐、家庭美满幸福？事

实上，有关上述的疑问，莎士比亚在他精彩的剧本中已作出了明确的交代。例如，莎翁在《第十二夜》中独白道："女人必须要嫁一个比她大些的男人，这样，她才能适合于他，才能够在她丈夫的心里保持平衡。"

以此独白对照莎翁错位的婚姻，那的确是一种现身说法，它隐喻地道出了作者内心的忧伤。此外，人们还可以在莎士比亚戏剧集中，找到许多带有贬意的妇女评论。例如，《亨利四世》中即有以下台词：

"人世间让人难以忍受的，莫过于'一个饶舌的妻子，一匹疲惫的马，一间乌烟瘴气的屋子'。"

把妻子比喻为衰老的马和破屋陋室，这只有感觉到妻子缺乏青春活力的人，才会作出如此辛酸的比喻。莎士比亚的伟大，不仅在于他著作的宏富、故事的生动、思想的深刻，更在于他的语言的永恒魅力。尽管时过境迁，英国人仍自豪地说："英国可以失去印度，但不可失去莎士比亚。"你今天涉足以英语为母语的国家，在每个家庭的藏书中，通常都可以看到两部书，其中一部是《圣经》，另外一部就是《莎士比亚戏剧集》。莎剧何以受到人们如此钟爱？其一就是莎士比亚在剧中表现了诗人的惊人才华，其作品妙语连珠，其剧情的生动有趣，完全得赖于语言运用的巧妙自如，所以莎翁也博得了“语言魔术师”的美名。例如，在著名悲剧《哈姆雷特》的剧情中有这么一段对白，阴谋杀掉王兄的现任丹麦国王克劳克斯问已知内情的侄儿哈姆雷特：

“怎么，你脸上还罩着一层愁云？”

“不，陛下，我受到的阳光太多了。”

在哈姆雷特的回答中，太阳象征国王，因此就含有一种委婉的讥讽，意即“我受国王的荣耀太多了”，潜台词就是：“我因被夺去正统王位继承权而无颜见人。”

同样，莎士比亚也常常以一些无可奈何的至理名言来描述爱情与婚姻的悲剧。他在《仲夏梦之夜》的第一幕中写道：

“如果真正的爱人要永久地遭受折磨，那也是命中注定；我们该鼓起耐心来承受苦难。”

显然，莎士比亚的家庭婚姻是不幸的。在他的遗嘱中，指定把财产分给女儿和一些亲人，何人应得到何种东西，遗嘱交代得一清二楚。他两个女儿可分得大宗遗产，唯独妻子仅分得部分家具，其夫妻感情之淡漠可见一斑。

更有甚者，莎士比亚自选的墓志铭竟写上这样的话语：

“朋友，希望不要挖掘埋葬于此的遗骸！

没有触动这墓石的人有福；

碰到我遗骨的人有祸！”

这一神秘恐怖的偈语，犹如古埃及法老金字塔中的诅咒。可见莎士比亚并不希望任何人来打搅他冥世的安宁。事实上，据记载，莎翁的夫人在临终之际，是祈愿自己能跟这位伟大的丈夫同葬一穴，但丈夫这一墓志铭却把她无情地拒之门外，其原因就在于，教会实在不敢触怒那神秘的咒文，以免遭受灾难。

“天意从来高难问，况人情老易悲难诉”，年老的莎翁之所以会留下这谜一般的墓志铭，恐怕就属于这样的心境。

贝多芬　用痛苦谱写欢乐

许多杰出的音乐家，都有超人的听力。通常情况下，这是要成为伟大的音乐家必备的先决条件之一。

在许多音乐家看来，乐理、乐感、听力、悟性，都是成为优秀音乐家必不可少的要素。

贝多芬却打破了这一规律。

贝多芬出生于德国波恩一个鲜有欢乐的家庭，他的父亲性情暴躁、喜怒无常，还沾有酗酒的恶习。贝多芬的童年凄苦缺少快乐。成年后在音乐界崭露头角，正在崭露头角之时却发现听力衰退，这对于一位风华正茂、踌躇满志的钢琴家来说不啻于世界末日。

贝多芬进行了顽强的抗争，听力的衰退并没有影响他的音乐才华，苦难更是磨砺了他的意志，造就了贝多芬和他那伟大超凡的音乐。由于受尽了苦难，才让他明白“自由、平等、博爱”的可贵；人生的感悟，使他的作品无不表达出他对爱与欢乐的向往和追求。

“我扼住了命运的脖子！”贝多芬如是说。

贝多芬的几次婚恋，都以悲剧收场。他留给了世上许多音乐的瑰宝，同时也留下了他那不幸的爱情之谜。

今天，贝多芬的名字已是妇孺皆知，听到他的音乐，人们总感到精神振奋，不断追求的希望和庄严的使命，总会在那震撼人心的乐音中时隐时现，从而在向往光明的人们内心引起强烈的共鸣。

生活于1770—1827年间的德国伟大的音乐家贝多芬，在他短暂的创作生涯中，为人类留下了大量辉煌的乐章。如今我们聆听《英雄交响乐》《命运》《热情奏鸣曲》《月光》等名曲时，感受到的不仅是一颗高尚纯净的心灵，还有一种深沉悲壮而又永不枯竭的激情。

人们常说，文如其人，音乐何尝不是如此。音乐家贝多芬一生都在追求幸福和光明，爱情之火时常在他心中闪烁，也在他的音乐中得到淋漓尽致的体现。然而，如同音乐家不幸的一生，爱情也仅仅是他不幸生活的一部分。

我们都知道，贝多芬一生贫穷、残废、孤独，还不断受到各种世俗生活痛苦的困扰。造成这种悲剧的原因，主要是环境所致，但也与音乐家追求完美的人格有关，正如他自己所说：“谁想收获欢乐，那就是播种眼泪。”

在贝多芬生活的时代，音乐家的地位虽然不高，但还是好过贫民。事实上，成名后的贝多芬还是体会过听众们的崇拜。他的学生、著名钢琴家车尔尼曾经回忆到，贝多芬的“即兴演奏不仅才华横溢而且十分惊人。不论什么场合他善于择机行事，他能根据不同的听众所需要的效果演奏不同的乐曲，因此都使人们不仅为之噙泪叹息，而且还会出声哭泣；在仓皇表情中除去优美动人、思绪新颖和具有生气勃勃的演奏风格之外，还有一些意想不到的东西。”

面对贝多芬的音乐才华，如痴如醉的音乐迷对他产生崇拜之情也是再自然不过的事了。贝多芬虽然其貌不扬，但他演奏时时而情绪热烈，气势独特有力；时而流畅如歌，十分富有魅力。因此，感奋之余，连普鲁士国王也屈尊请他到宫廷做客。一些贵妇人为了欣赏他的琴技，甚至向他下跪乞求。

然而，面对荣耀，贝多芬却自有其与众不同的追求和爱情标准。他认为爱必须有较高的境界，他说：“满足于没有与灵魂和谐一致的肉欲，那是兽行；在不能得到整个高尚的爱情时，只有忍耐。”

事实上，音乐家生理上所需要的爱，往往是他摆脱不了的，所以他一生中都在忍耐。一方面他把自己如火的激情喷发到音乐上，它化成了许多美妙绝伦的乐章，这些乐章一直在打动着过去和将来的人们。另一方面，为了满足精神的渴望，他一生中也在不断地追求理想的女性，他“无时不在恋爱，而且总是在热恋中”。

贝多芬很小的时候，在他父亲的严教压力下，受过很好的音乐教育，13岁就成了人们交口称赞的神童，不仅善于演奏钢琴，还创作了《钢琴奏鸣曲》。但与此同时，过分的压抑和困苦恶劣的家境，也使他失去了欢乐和家庭的温暖，他变得早熟，目光深沉而忧郁，性格也变得倔强执拗，对世俗的情感具有一种天生的抵抗力。

贝多芬的少年是哀愁的，当乐手的父亲是个酒鬼，母亲常年卧病，为了维持家计，他15岁就到宫廷女枢密官布洛宁夫人家做音乐教师。在这里，天才的心灵得到了慰藉，布洛宁夫人家对他的友好和关怀，贝多芬终生不忘。

布洛宁夫人的女儿埃莱诺蕾，比贝多芬小两岁，数年过去，她在小教师的眼里，已长成了一个举止端庄、气质高雅的可爱女子。在平时练习音乐的接触中，贝多芬感

受到了少女火热的目光，温馨的气息，还有那起伏跳荡的心灵，尤其是埃莱诺蕾一次为道歉而在他脸上留下的吻，使贝多芬久久不能平静，他心情激动，充满了幸福感。然而，当时这对少男少女没有勇气去争取真正的爱情。这天生的一对，最终没有成为眷属。后来，他们重逢，彼此都感到后悔，两人都极为不幸，他们仅能相互珍藏着少年的友情。为此，布洛宁夫人曾安慰自己的女儿说道，贝多芬不是为结婚而生的，他会成为一个伟大的艺术家，他的艺术会使他着魔，在他心里没有给妻子和孩子留下位置，和他在一起生活的女子不会得到幸福。总之，命运使世上最纯真的幸福爱情与两人交臂而过。

22岁时，贝多芬第一次在爱情上遭到了挫折。那时，年轻的贝多芬已是誉满波恩，爱好音乐的贵族之家是他经常展露才华的场所，还有许多演艺界的轻佻女演员经常向他挤眉弄眼。尽管怀着对爱的渴求，美丽的女性总能引起他的兴趣，但贝多芬还是洁身自好，他有着更高的目标和追求，这个心目中的偶像就是伯爵小姐玛丽亚。

玛丽亚是贝多芬的钢琴学生，青年贝多芬在她身边总会感到愉悦神往。首先是她的美丽动人，聪明又平易近人，这是平民出身的贝多芬在其他贵族小姐身上见不到的气质。通过音乐，更使两人心灵日趋接近。每周贝多芬要在玛丽亚身边指导两小时，呼吸着她青春的气息，看着她那纤细的玉指在琴键上移动，时而意在流水，时而走在高山……他心醉神迷，抑制不住内心的冲动，想与少女的灵魂合为一体。

那是一个两人在花园散步的日子，绿荫之下，长椅之上，怀着一颗火热的心，贝多芬跪在了玛丽亚的长裙下，激动使他不知说了些什么求爱的话语。

事实上，怀春的少女玛丽亚早已察觉到贝多芬灼人的目光，她也早已沉湎于这种无形的爱之温存，但她无法超出等级门第的贵族偏见，她早已在心中筑起了爱情的防波堤。

“我可怜的先生，您错了……”玛丽亚的话语把富于幻想的音乐家震醒，贝多芬终于明白他与贵族之间有着一道鸿沟，他离去了，怀着无言的恨和痛苦。他走向最适合他生存的地方，1792年，贝多芬离开故乡来到了欧洲的音乐之都——奥地利的维也纳。

生活的挫折，并不能改变贝多芬那颗高傲的心，他对年轻漂亮的女性，依然心驰神往。人们注意到，每当音乐家在街头看到一个有魅力的女性时，他总爱掉过头去用那玻璃球似的双眼饱看一番，假如发现有人注意，音乐家便哈哈大笑或装出怪样。

1800年，对贝多芬来说，那是最为不幸的日子，他两耳失聪，音乐家失去了翱翔音乐天地的翅膀。他独自忍受着无比的悲痛，他甚至想到自杀，可是他不能割舍他真正的生命——音乐和爱情，不断激励自己创作。

贝多芬的相貌极为平常，而且耳聋，但他却不能容忍丑陋，只有美丽的女性才能为他所爱。因此，人们觉得他在爱情上是古怪的，情绪变幻无常，他的爱是一种理想的爱，他生活在梦的世界里，惯于过独身的生活，对情欲有超乎寻常的抗拒力。

然而，在1801年，贝多芬还是遇到了他第一次感到发疯的热恋，爱情的媒介也是音乐。一天，贝多芬在朋友家里遇到了一位年轻女子，他为她的美貌而惊讶，谈话之余，贝多芬知道她是伯爵小姐尤莉亚。尤莉亚久仰音乐家的大名，她恳请大师教她演奏，被楚楚动人的少女所吸引，贝多芬屈尊就教。

随着大师的悉心指点，尤莉亚的琴技突飞猛进，她凭自己的美貌和才华在维也纳社交界引起轰动。尤莉亚也由感激老师的栽培变成了爱慕。在贝多芬冷漠矜持的表情背后，爱的激情也与日俱增。可是有一天，尤莉亚忧伤而绝望地告诉贝多芬，她的父母要她结婚，未婚夫是罗伯特·加仑堡伯爵。

“真可笑，什么伯爵！加仑堡不过是个纨绔子弟，他没有遗产，负债累累……”尤莉亚确实也不爱那个徒有伯爵虚衔的庸才，尤莉亚和贝多芬紧紧地拥抱在一起，两人真正坠入了情网。

怀着纯真深沉的爱，当时的贝多芬创作了著名的《月光奏鸣曲》，为了纪念他有生以来最幸运的日子，贝多芬把曲子献给了尤莉亚。

贝多芬在给友人的信中说，“一位可爱而有魅力的姑娘……她爱我，我也爱她。”这是他耳聋两年以来重新享受到的幸福时光，也是自己第一次有此感觉，结婚会带来幸福。

贝多芬向尤莉亚求婚了，而她也心甘情愿，但是她父亲反对这门婚事，借口是贝多芬“没有地位、财产，或说他在婚姻问题上是不能持久的”。迫于压力，尤莉亚1803年与加仑堡伯爵结了婚，随后就迁往那不勒斯。

贝多芬又一次成了腐朽门第观念的牺牲品，面对屈辱和惨重的打击，贝多芬只好说：“不幸，她不是我这门第中的人——此时此刻——我确实不能结婚——我还要勇敢地多加挣扎才行。”

这时，年仅32岁的贝多芬实在难以摆脱失恋的忧伤，他写下了遗嘱。最后，还是音乐又一次把他从危机中解救出来。在他感到死亡临近，突然在自相矛盾中又发现生命的召唤，他的体力智力一下惊醒，青春的灵感有如火山喷发，贝多芬迈入了他一生中里程碑式的创作时期。

欢乐和洋溢生命力的《第二交响乐》随之诞生，评论家认为贝多芬的意境冥想高不可及，深不可测，这种冥想游离于他的肉体和精神之外。之后，他接二连三地推出精心构筑的代表作，如《d小调钢琴奏鸣曲》、《c小调小提琴奏鸣曲》，风格独特新颖，尤其是《英雄交响曲》，作曲家以一种雄伟的气势，无比奔放的激情一直在把人们引向未来。《英雄》完成于1804年春，它被誉为19世纪第一部最伟大的交响曲。随着贝多芬的作品在整个欧洲普遍上演，他的声誉从圣彼得堡传到巴黎和伦敦等地，所以评论界称他是于1792年进入维也纳的，可是在1804年，已被认为是伟大的三位一体的成员，即海顿、莫扎特与贝多芬。

与此同时，被埋葬了的爱情也得到复苏。贝多芬的成名，使他更是成了上流社会必不可少的点缀。他周旋于王室与贵族之间，崇拜者不离左右，音乐家也极力从中寻找激励自己的因素。人们认为当时的上流妇女中有不少与之神交的情人，遗憾的是，由于考虑等级不同的关系，贝多芬所结识的情人，都不能公开宣布两者之间有爱情关系。

也有的旁观者认为，这不是由于实际的困难，根子是在于音乐家的内心总是踌躇不定，他似乎不愿意让爱情在他的心中分享音乐的神圣地位。或许是他从未找到合适的妇女，或是他下意识地不需要。他的爱情之火燃烧得虽高，但火焰熄灭也很迅速。

后来，人们在整理贝多芬的一些信件中，还是找到了几位引人注目的女性。其中，布鲁斯维克姐妹两人，早在1799年就认识了贝多芬，而且，她们还是尤莉亚的表亲。妹妹约瑟芬一度成为寡妇，以经营博物馆来养育4个孩子，生活的重负使她感到绝望。出于同情，贝多芬时常以音乐来激发她的勇气。约瑟芬两姐妹都会演奏钢琴而且热爱音乐，贝多芬曾为她们创作了《我想念你》二重变奏曲。1809年，贝多芬还把《钢琴奏鸣曲》（作品78号）献给了姐姐苔雷莎。苔雷莎生得清丽而富有魅力，也是终身未嫁。

还是音乐的媒介，贝多芬对约瑟芬产生了感情，1805年春，他对她的爱达到了高峰，贝多芬为此写道："啊！心爱的约（瑟芬），你对我的吸引是其他妇女所没有的……整个的你，以独特的风度——使我倾心于你——这吸引了我的全部感情……"可是音乐家又写道："……当我来到你跟前的时候，我以坚定的决心不让爱的一粒火花在心中燃烧起来。"

的确，后来两人的爱情枯萎了。在1807年秋天，贝多芬给约瑟芬写信说："为了你我的心情平静，最好不见到你。"最终是约瑟芬改嫁给了施塔克堡男爵。

是什么原因迫使两人分手呢？人们在姐姐苔雷莎的日记中找到了答案。她写道："贝多芬！他是我们家的友人和知己，这是一个梦——一个美丽动人的灵魂！我的妹妹约瑟芬当她成为戴姆的寡妇时，为何不找他作为她的丈夫呢？她和他结婚会比和施塔克堡在一起要幸福些。母爱决定她放弃了她自己的幸福。”

的确，孤儿寡妇，需要有健康有力的人来加以保护和照顾，而贝多芬几乎把自己的身心都献给了神圣的音乐事业，他无暇顾及残躯、贫穷和病痛，更不可能给别人以照顾。贝多芬和约瑟芬都有自知之明，他俩都有一颗高尚的心，他们为了生活必须要放弃爱情的幸福。

事实上，在约瑟芬再嫁离去，贝多芬对姐姐苔雷莎又燃起了恋情。关于这段罗曼史，不同的传记存在不同的评论，但有一点可以肯定，不断燃烧的爱情之火，始终是贝多芬音乐创作的灵感和源泉。与苔雷莎神交的那段甜蜜的日子，贝多芬思如泉涌，他创作了《命运》、《田园》等多部乐曲，著名的《热情奏鸣曲》就是献给苔雷莎的。因此，人们完全有理由认为，贝多芬与苔雷莎·布鲁斯维克的爱情，是音乐大师一生中经历时间最长，感情最为炽烈深沉的一幕，而且两人还订了婚。后来婚约毁了，贝多芬直到晚年，有时还在家里手捧着苔雷莎的小雕像，口中喃喃自语，他凝神端视的眼中闪现着泪花。

从某种程度上说，贝多芬乐于沉湎情感，他孤独，时时在寻求爱的慰藉。在1810—1812年，一个稀奇古怪的德国女子闯入了音乐家的生活。她叫柏蒂娜·布仑塔诺，是位过分热情而爱表现的妇女，体态十分匀称，黑眼睛。她是大诗人哥德的崇拜者，这位老诗人也把她看作心目中的小太阳。结果贝多芬也对小太阳着了迷，他给她写情书，赠送曲子的手稿。

事实上，柏蒂娜的为人，在诗人瓦恩哈根的笔下栩栩如生，他说："如果我不加抵制，柏蒂娜会把我完全变成为她的奴隶；她使周围的男人怎样陷入她的罗网简直是不可思议的……她使你感到再没有比取悦于她更重要的了……她总是从和她在一起的男子身上得到什么，她或尊敬他，利用他，戏弄他，或被男人所尊敬、利用、戏弄。"

1811年春，柏蒂娜同另一位年轻诗人结了婚，为此，心酸的贝多芬还是执着地给她寄去了充满爱的信件。

如同他美妙的音乐，贝多芬一生也写过不少情意缠绵的书信，其中最有名的是三封所谓的"致永久爱人书"。情书是在贝多芬写字台中藏有苔雷莎雕像的同一抽屉中发现的，信上无收信人的姓名与地址，日期也不全，因此，对收信人身份至今人们仍在作种种推测。贝多芬的这些亲笔信收藏在柏林国家图书馆，每年展出时间只限于7月6日早晨到7月7日早晨的24小时内。信中处处洋溢着剧烈迸发的爱情和生命的震颤。

谁可能是“致永久爱人书”的接收者，人们猜测是多罗西娅·冯·艾特曼。她是一位奥地利军官的妻子，1798年开始师从贝多芬学习钢琴达5年之久，后来成为当时最著名的钢琴家之一。她对贝多芬作品的理解阐释出类拔萃，贝多芬的《a大调钢琴奏鸣曲》（作品101号）就是献给她的。自然，音乐大师也就成了多罗西娅家的常客，他时时得到她的款待和谅解。因而人们更多的是认为，多罗西娅与贝多芬的友谊完全可能是一种精神上的真诚坦率、亲密无间的交往。

也有人认为信的接收者是贝多芬一度倾心的尤莉亚，但提不出有力的证据。当他晚年时，有人看到音乐大师的手上戴有一枚金戒指，就打趣地问，音乐家除了远方的爱人之外，近旁是否还有其他爱人，可是音乐家若有所思，不置可否。

无情的岁月过去，贝多芬留给了世上许多音乐的瑰宝，还有他那不幸的爱情之谜。贝多芬留存在永恒的音乐天国里，他不断给人以精神的享受，也给人们留下了永久的叹息。

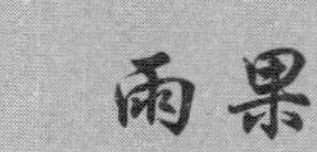

激情与悔恨交织

有人说，磨难是成功的砺石。

历数世界近代著名的作家，遭受磨难之最的，恐怕要数法国作家雨果了。

父母不和，妻子的背叛，政治上遭受迫害流亡异国，儿女相继夭亡……雨果一生的磨难接踵而至。

而这些磨难，的确成为雨果通向成功的意志磨砺之石。他把苦难化成了一部部返璞归真的传世之作，给世界文学宝库增添了不少的珠玑之作。他也因此成为令法国人民骄傲的大文豪。但遗憾的是，艺术上的成就并没有给他带来多少幸福与快乐。

在他弥留之际，他用一句话概括了他的一生：“谁战斗，谁才真正活着。”

伟大的法国作家、诗人维克多·雨果（1802—1885），他一生都在讴歌善恶交替的主题，这种黑暗与光明的冲突，实际上也是他内心矛盾和双重人格的写照。对自然精神上含有全然对比的两种因素，加上面临人生深刻的痛苦，他力图摆脱泥沼深陷，有时他如愿以偿，但更多时候感到无能为力。雨果妙笔生花，其丰硕的成果，在文学领域可说是无与伦比，然而事实上，人们只要回眸他那崇高而又晦暗的人生，就感觉到其成就也不过是一个天才与怪物融合而成的结晶。

雨果那超常充沛的精力与向往英雄事业的宏大气魄，是继承了他父亲牧神般狂放的性格和奇异的想象力。1802年2月26日，雨果出生于法国东部的小城贝桑松。他祖父是个细木工匠，适逢法国革命，祖父众多子女中，他的五个儿子都参了军，其中幸免于难的三个儿子都成了军官。帝制崩溃，军阶的晋升使得雨果的父辈提高了自身的门第，所以雨果家族对戎马生涯都有着本能的嗜好。

雨果出生时，他的父亲已成了共和军的一名少校军官了。可是小雨果生来羸弱，这使强健如牛的父亲感到丧气。

雨果出生后，出于各自的原因，父母离开了幼小的雨果三兄弟，仅把他们托付给勤务兵及其妻子抚养。后来，父亲把三个儿子接到了西嘉。

快2岁时，母亲索菲·雨果才把三个孩子接回巴黎。而且，父母之间的情爱，从此也走向了各有所好的道路。

老雨果夫人待在巴黎与她的情夫寻欢作乐，对儿子的关照显然不够。也许是缺少母爱吧，人们说小雨果成了一个郁郁寡欢的孩子，他特大的脑袋与瘦小的身子形成了鲜明的对比，看上去畸形可怜，而且他还时常畏缩在角落里暗自流泪。据说这么一种从小养成的忧郁气质，在雨果后来绚烂多彩的人生中仍不时显现出来。

拿破仑时代，充满硝烟和动荡。由于生活拮据，不得已索菲只好带上三个孩子去投奔丈夫。那时，雨果的父亲在意大利那不勒斯已成了拿破仑的得力战将，他成了总督和上校，并和他的情妇生活在一起。这一切，都给孩子的一生带来了深刻的影响。虽然当时小雨果只有6岁，他却成为一个早熟敏感的孩子。他忘不了那不勒斯明媚的阳光和蔚蓝的大海；还有坐雪橇越过冰雪覆盖的塞纳山；尤其是那些挂在树上鲜血淋漓的肢体……死刑、审讯和绞架，断头台和十字架的对照，这种人世强烈的反差现实，此后时刻都在使他的心灵震颤，也成了他一生挖掘创造灵感的源泉。人世的残酷和欲望的追求，也使他成了一个以自我为中心的人物。

父母的不和，导致三个孩子随母亲回到了巴黎，所幸的是，父亲支付了生活的年金保障。雨果一家的新居是巴黎旧式的修道院。他后来写道，“在头发蓬松的童年时代，我记得，我有三个老师：母亲、神父和一座幽静的花园。”

当时的雨果，已学会了阅读，他博览群书，而且无师自通，这使开办小学的父亲拉利维埃惊讶不已。平时在古老宽阔的园林中，雨果还观察到了大自然的奇妙和严酷。他总感觉到，在那些美丽幽深的林间花丛，时刻都在演出强食弱肉，适者生存，物竞天择的一幕幕；有时，三个孩子也参与其中，他们会冷不防把花瓣捏在手心里，或是去追捕葵花里的花蜂……

在拿破仑帝国横扫欧洲的时候，雨果的父亲成了将

军、西班牙国王的伯爵，这一度使年幼的几个兄弟，也憧憬着有朝一日像父亲那样能满挂绶带和勋章。可是父亲却残酷地对待母亲，两人互不相让。雨果从来就是跟着母亲，自然被视为“逆子”。他为此而写道：“……父亲让我受的是什么样的罪！童年突然结束了……为了摆脱我的痛苦我无路可走，只有梦想，跑出森林和相信奇迹……”

孤立无援而又倔强的母亲，她一生都在反对拿破仑，这与雨果的将军父亲正好对着干。她对孩子最有利的，就是对书籍和诗歌出奇地酷爱和尊敬，她使求知欲极强的孩子在智力和才能得到了发展。遗憾的是，父母的决裂，加上拿破仑帝国的垮台，在内心深处一直幻想着经过戎马生涯获得荣誉的孩子，只好把理想转到其他方面。不过，无论追求什么，雨果始终都在渴望着伟大。

告别无拘无束的童年，雨果和哥哥又成了寄宿中学的笼中鸟。阴森的学校，陈腐的教育和体罚，逼得雨果与哥哥欧仁简直成了反叛之神，父亲气恼地说：“他们恣意妄为，几乎动手打了校长。”他把这种反叛的性格归咎于孩子们母亲的影响。他要孩子们加紧学习数学和制图，将来进综合技术学校。可是两个孩子都把时间用在写诗，或是翻译维吉尔·卢克莱修的作品上了。

当年这个清苦贫寒的学生，除了沉浸于学习和幻想之中，他还常常从自己的阁楼里，透过邻家的窗户和缝隙，窥看解衣上床的少女。此后，对女神的梦幻，都是他一生诗作的重要主题。

1817年，潜心诗作的维克多·雨果，获得了崭露头角的机会。当时法兰西学士院举办了诗歌有奖征文赛，题目是《读书乐》。雨果悄然应试，结果名列第九。这下，神童的诗才一下引起了各方的注意，也成了他今后独步文坛的契机。

在初露锋芒的鼓舞下，维克多又利用3个星期的时间，写作了描绘圣多明各起义的中篇小说《布格·雅加尔》。小说在青年文学晚会上朗诵之后，获得了同道者的热烈称赞，他们认为小说故事脉络清晰，手法简炼又达到了引人入胜的强烈效果。可见，在15岁时，雨果就显示了他是一个掌握了相当技巧的天才作家。

1818年2月，雨果的父母正式离婚，兄弟俩的寄宿学校生活也随之结束。然而，为了获得父亲的生活资助，爱好写作的两兄弟不得不待在母亲的住宅里，假冒法律系的

学生以哄骗父亲。

在小方桌前每天辛勤地耕耘，维克多叹息道“从今以后，世事变幻有谁知道？确切地说，我将如何？难以预料……”，“所有的心愿和目标都向着你，你必须用种种方法，使我的诗能得到你——荣誉！”

在维克多苦闷彷徨的时刻，是他母亲坚定了他为远大前途而写作的信心。17岁时，维克多如愿以偿，他战胜了无数的竞争者，获得了图卢兹文学院的金质百合花奖。人们对他如此年轻而无法置信，称他为法兰西文学的希望。这时，他已出落成英俊的小伙，金发披肩，额头高耸，目光深沉，满怀信心的庄重神态俨然成了一个大人物。

也就在这时，童年时代的女友安黛儿来到了雨果的身边，郎才女貌使得青春时代的爱情之火一触即发。在母亲的熏陶下成长起来的雨果，在此之前的生活态度还是严肃的，他想到和安黛儿成婚，而且要忠贞不渝，白头偕老。然而，最终是无情的命运在两人之间降下了离别的帷幕。雨果的母亲坚决反对这门亲事，她怕儿子成婚会毁掉他辉煌的前途。

一旦纯真的爱情渴求得不到满足，雨果很快就被卷入了社会混浊的湍流。在文坛中，年轻的雨果，把夏多布里安视为天才的偶像。但真正见到他时，雨果大为惊讶，这个老怪物竟当着他的面淋浴，还一丝不挂地叫仆人给他擦身体。他对年轻诗人的来访，仅表现出一种冷峻的彬彬有礼和厌倦……这使雨果从高尚的文学背后看到了虚伪。

1821年6月27日，一直与孩子相依为命的母亲因患肺炎去世。失去依靠的孩子感到更加孤独。哥哥欧仁本来就生性褊狭，久埋心底的忧郁使他发作起来几乎成了疯人。

面对纷乱无序的家庭，雨果为了寻找希望和安慰，在一个大雨滂沱之夜，他踟蹰蹒跚，走向图卢兹安黛儿的公寓……

仿佛是妈妈的离去又给雨果招来了幸福，出于怜悯，安黛儿的父母接纳了雨果。

母亲的离去，也使父亲回到了雨果的身边，在他的支持下，雨果执着的爱情追求结出了果实，他和安黛儿成婚了。这时，他把哥哥阿贝尔资助出版的第一本诗集献给了安黛儿。

这部叫《颂歌与民谣》的诗集销路不错，而且他还获

得了从国王特别基金中提取的1200法郎的补助年金。雨果可以同娇妻过上较稳定的生活了。

然而，事实并非如此。首先，是雨果内心的激情爆发了，如同他伟大的创造力，平凡的安黛儿在雨果的生活中，很快就由深受宠爱的娇妻变成了一个闷闷不乐、令人扫兴的女人。

更为不幸的是，哥哥欧仁与雨果的命运形成了鲜明的对比。过去，欧仁一直认为自己的文才高于雨果，而且他似乎比雨果更爱童年的伙伴安黛儿，可如今他整日狂乱地呓语，沉痛的父亲只好把他送进了疯人病院。手足的悲惨境状，时常使雨果感到伤心和内疚，因为无论是在诗歌上还是爱情上，他都压倒了欧仁，他认为是自己把哥哥逼上了绝望失常之路。后来，在他的文学创作中，便时常出现兄弟即仇人的主题，据说《巴黎圣母院》中的人物克洛德，《城堡里的伯爵》中的人物约伯，都有他兄弟阴影的浮现。

婚后九个月，雨果的儿子出生了。为了养活三口之家，他只有拼命地工作，新的诗作问世了，他还完成了长篇小说《冰岛魔王》。这些作品还算不上什么永恒的杰作，不过雨果奇特的想象力，成功地激起了人们对恐怖的兴趣，大众都酷爱他塑造的“骇人的幻觉形象”。正当他欣喜若狂之际，不满一岁的儿子却夭折了。

也许是习惯了人间的折磨和痛苦，雨果开始变得更加坚强和冷酷，他更加渴望新的生活、工作与爱情。事实也如此，雨果后来的经历表明，他一直都在不知疲倦地创造佳作和生儿育女，同时也在不断地播种爱情。

一方面，雨果因自己如此年轻就取得成功，难免对幸福和享乐产生了一种不可克制的欲望，人们都在盛传他的《东方吟》和《死囚末日记》，他觉得自己的幸运胜过帝王，同时他也受到了名流、文艺界人士和美女的诱惑。另一方面，他的子女接二连三问世，而夫妻二人的感情却遭受波折。

过去相敬如宾的夫妻不存在了，戴着桂冠的雨果把自己献给了创作，他变得暴躁、专横，不可一世，叫人难以忍受。把身心奉献给丈夫和子女的安黛儿开始感到寂寞，她需要心灵的慰藉，这时，圣佩韦作为雨果夫妇的挚友、知音，他介入了安黛儿感情的生活。他很懂得雨果夫妇危机根源的所在，他在诗中透露出安黛儿的心曲：“可怜的

人！你的夜总是那么黑暗，每当那时，你的雄狮兽性大发，势不可挡……可怜的羔羊啊，你不得不进行艰苦的挣扎……”

雨果和所有的浪漫主义者一样，都尊重“激情的权利”，他对圣佩韦尽管充满了醋意，但他对妻子感情上的背叛，还是冷静地接受了。唯一不可理解的，想象中，他以为妻子对他充满了虔敬的崇拜，两人相得益彰，是多情、浪漫、纯洁爱情的完美结合，可是他的浪漫主义激情和狂热的创作，却换来了一颗对他完全失望的心。八年共同生活后的美梦初醒，其惨痛可想而知，诗人写道：“请看这个女人，她不理解你……你爱她吧，哦，那你就将被毁灭……”

这时，狂躁的雨果把悲痛的感情风暴化成了恬静忧伤的诗篇《秋叶集》。它是由作者的心血构筑，所以艺术成就都超过了雨果29岁以前所有的诗作。诗人内心深刻地感受到的人生获得了广大读者的共鸣，因为终究还会有人像诗人一样地恋爱、享乐和痛苦……就像诗人哭泣：“年华流逝，有的带走了欢乐，有的带走了爱。”

夫妻感情的破裂，作为雨果精神支柱的宗教信仰也被人世沧桑动摇了。他陷入深思：哪里有生活的意义，道路和目标又在哪里？唯有女儿列奥波蒂娜的天真无邪的信仰，还在维系着父亲那昔日的情怀。而夫妻则成了徒具形式的羁绊。

感情危机与生活的负担相比，又太不足为道了，那九口之家还需父亲挣钱养活。于是雨果开始从事演出剧本的写作。

凭着天才的创造力及勤奋，雨果很快就成为多产和极负盛名的剧作家。这不仅给他带来了丰厚的报酬，还给他带来了前所未有的爱情。那时30多岁的雨果体态容貌开始发福了，生活洗掉了脸上天使的气息，他变得更加沉稳内向，威严的神色胜似英武的将军。在朗读这位名作家的剧本晚会上，年轻的女演员、绝代佳人尤丽叶·德鲁埃与雨果相遇了，他们一见钟情，但双方都预感到对方是自己命运中的冤家。

从1833年开始，事实上是令人神魂颠倒的尤丽叶打开了雨果不可遏制的情欲的闸门。尤丽叶是个孤儿，从寄宿学校毕业，她打算成为修女，但是明智的主教洞察她不是能为清心戒欲的生活而献身的人，就把这个惊人的尤物

还给了尘世。这个善解人意的情场高手让雨果饱尝了在安黛儿身上从未体会到的快感和幸福。

尤丽叶还善于交谈，她从赤脚女孩的童年、修道院，一直讲到各种离奇的经历和动乱。这种雨果闻所未闻的平民生活，后来都被写入了长篇小说《悲惨世界》。尤为重要的是，作家的创作，需要女人的尊重和理解。在过去，雨果写下的手稿，安黛儿毫无兴趣，而尤丽叶却把雨果的手稿虔诚地收藏起来。

作为宗教的叛逆者，风流韵事使一些虔诚的朋友离开了他。更有甚者，文人相轻，雨果遭致了浪漫主义文学流派同道的攻击。然而，雨果蔑视一切，他不怕孤独，他把尤丽叶看得如同生命，他承认自己犯了许多罪过，但这如同一次新生。为此，他的作品喷涌而出，幸福和荣誉也接踵而来。

尤丽叶为雨果的情感力量和天才所感动，她放弃了过去淫荡的生活。一旦中止了有钱情人的接济，她和小女儿成了一名不文的穷人，可她心甘情愿成为雨果精神的奴隶，靠他的接济过活。眼看着天才的燃烧，尤丽叶提心吊胆，说不定总有一天，他新的欲望又会使眼前的一切付诸东流。

的确，年近40岁，将军家庭出身的雨果一想到至今在社会舞台上一事无成，他就感到无法忍受。他崇拜的夏多布里安不仅是大作家，还是贵族、大使和外交部长，他希望能步其后尘迈向伟大。

然而，尤丽叶和女儿列奥波蒂娜一听说雨果要去竞选法兰西学院院士，都表示了厌恶。这两个最受雨果宠爱的人担心，假若这位“精神领袖”一旦钻入上流社会，她们在他心目中的地位也许就岌岌可危了。因此，听到雨果落选的消息，两人都高兴得手舞足蹈。

而落选院士，雨果却十分痛心地说，“我以为进入学院必须通过艺术之桥。唉，我错了，看来只有经过一条新桥才能到达那里。”事实上，真正的天才都难于满足现状，何况成了名的雨果的确也成了不少人的“精神领袖”。

雨果还是有节制地礼待妻子和家人，他宽大的家安置在巴黎王政广场的公寓。尤丽叶则被安置在毗邻的圣安娜斯达街14号，她只能过着偷恋、郁闷和清贫的日子，时常要通过王政广场公寓的秘密走道去雨果书房幽会。同时她也清楚，其他的女性崇拜者也会经此通道与雨果幽会。尤丽叶时常抱怨雨果的不忠，她说：“假如我是女王，我就只把你装在铁面具里，只让我一个人知道打开这面具的秘诀。”她知道，那些渴望剧本角色的女演员，上流社会的交际花，初学写作的女诗人、作家，都可以去按响暗室的门铃。而她自己则被雨果戴上了锁链，当他不在时，也不允许尤丽叶迈出她的屋子。面对虐待，尤丽叶抗议道：“你的爱像怒潮般地冲击着我，从那时起，我就失去了活动和自由呼吸的权利。在我们关系的废墟下，我对你的信任有被毁灭的危险……”

1837年3月，雨果的哥哥欧仁不幸去世，他怀着一种负罪感承袭了欧仁的西班牙子爵的称号。这时，雨果凭他的作品实力，还是获得了国王的尊敬，经多次失败，他终于当选了法兰西学院院士。为此，他的情敌和对头讥讽他说，“大多数名人靠出卖灵魂生活”，称他“得了荣誉病”。不过，雨果虽有移情倾向，但他离不开尤丽叶：她是个勇敢的旅伴，勤奋的誊写员，真诚的崇拜者，实体化了的诗情画意。和尤丽叶在一起，雨果的想象力很容易就化为神来之笔，《莱茵河》就是他和尤丽叶第三次漫长和美妙旅游的结晶。号称“文学拿破仑”的巴尔扎克素来对雨果不以为然，但他不得不承认《莱茵河》是一部杰作。《莱茵河》被誉为法兰西散文宏丽和谐的佳构。

随着声名的日益显赫，雨果犹如高山上傲然飞翔的雄鹰，洋洋自得。然而，突然一阵狂风折断了他的双翼。那是1842年的一天，雨果的朋友、靠山和王储奥尔良公爵不幸罹难，这无论从友情或从个人野心来说，对雨果都是一个惨痛的打击。

有朝一日当上国务总理的幻想破灭了，雨果只好埋首于剧本《卫戍官》的写作和上演。他对此寄予很大的希望，并尽力赋予剧作一种史诗般的宏伟气概。可是剧本上演之后，人们感觉它内容空洞，浮华的词藻背后缺乏深刻的思想，结果被喝了倒彩。当时正巧一颗彗星飞越巴黎上空，小报借机形象地嘲笑雨果：“上帝啊，彗星都有尾巴，为什么《卫戍官》好景不长？”

生活就是这样，一分痛苦一分欢乐。为了鼓动诗人与作家的想象，自由甜蜜的旅游必不可少，雨果和尤丽叶每年一度的夏季旅行又开始了。

这次旅行历时近两个月，在寻访旧日经由法国到西班牙去的童年梦幻中，雨果摆脱了巴黎浓重的愁云，他脸上又恢复了幸福与快乐的笑容。1843年9月初，他很快就要和家人重逢了，心中不免又产生了一重期盼。当他和尤丽叶走进苏比斯村的一家咖啡馆喝啤酒时，雨果无意中看到了一张《世纪报》，其中的报道把他震倒了。原来，他最心爱的女儿列奥波蒂娜和她丈夫，乘坐叔叔的快艇出航遇上了飓风，三人全都遇难了。尤丽叶从来没有见过雨果变得这般可怕：他双唇发白，眼睛和面颊、发梢都被汗水和泪水浸湿了，他绝望地捂住胸口……

经此打击，坚强的雨果仿佛是老了十年，长时间他都难以恢复。他给自己提问："莫非这是至高无上的主对一个抛弃家庭的情人的报复？"为此，他一度极厌恶尤丽叶而去"巴结妻子"。他认为在惨祸发生的时刻，他正好远离家人，和情人一道踏上了温馨之旅。

当然，生活的不幸夺不走雨果的创造力，但痛苦却使他变得更为轻薄放荡。他的身边不会缺少女性崇拜者，尤丽叶已经是徐娘半老，与雨果的关系如同天空中时升时降的风筝。

十年之间，雨果总共出版了多本法国最优秀的诗集，他心里黯淡，诗中描绘了人世的空幻和上流社会生活的虚伪。可他去不掉自己身上的双重人格，他依然珍惜着爵位、院士和法国贵族的虚荣，还向往当上部长。他经常在达官贵人的宴席和晚会中抛头露面。

雨果作为一个伟大的思想家，他也不能忽视社会低层阴暗悲惨生活的存在。何况，他和尤丽叶都是从贫寒的生活中走出。当经历过法国革命的洗礼之后，他意识到，当穷人凝视着富人的奢华时，激发他们的不仅是沉思和愤怒，而是未来事变的先兆。出于这样的思考，雨果在很早的时候，就开始在构思长篇小说《悲惨世界》的主题。在生活的浊流中，内心拯救灵魂的人道精神促使他立意为自己赎罪，哪怕被当权者流放也在所不惜！他渴望受苦受难，也渴望功名和伟大。

1848年，忍无可忍的法国人民终于起来推翻了七月王朝。雨果内心是个共和主义者，但却是反动王朝的贵族，所以，在这场他所赞美的瞬间成功的革命中，并未捞到什么大好处，而且，他所期待的民主共和政体，转眼就被专制的当权者篡改了。

具有讽刺意味的是，当路易・波拿巴成为风云人物

后，雨果也被反动派选进了议院，可是昧着良心服从命令决不是诗人的性格，他不顾自己的支持者，依然是“苦难的人们”的代言人，这样，他与爱丽舍宫的统治者决裂势所难免。

1851年12月，路易·波拿巴通过政变夺取了政权，他是雨果称为共和政体叛徒的人，政治死敌的登台意味着大难临头。许多反对派倒在了血泊之中，反政变的雨果经过一番慷慨激昂地抗争疾呼，最终也只好踏上漫长的国外流亡之路。

事实证明，雨果不是个善于见风使舵的政客，勤奋和机会一度使他成为锦衣绣袍的贵族，虚荣和淫乐几乎把他推入功名利禄的深渊。女儿的夭亡使他恢复了良知，1848年的革命又为他成为人民大众诗人和精神领袖提供了机会。

刚出逃到比利时，雨果完全被政变的血污震怒了，他把流亡者的各种经历汇聚成了作品集《一个罪行的始末》。而此时，他的妻子安黛儿还在巴黎，儿子也蹲在监狱。

雨果写信给妻子，他宣称自己要重新选择清教徒的流亡生活。他在布鲁塞尔的住所，室内几乎没有家具，每天只吃一顿饭。事实上，波拿巴政府并没有封存他的财产，妻子很快就把30万法郎转给了他，善于理财的雨果又把法郎变成了比利时皇家银行的股票。因此，了解内情的人都嘲笑这种站在金银堆里的贫穷，嘲笑这个与妻子儿女以及情妇讨价还价的守财奴。

不过，由此也可以看出，一旦从荣华富贵挣脱出来，雨果确能从痛苦的流亡中获得了一种极大的满足。他拒绝各种社会的应酬，聚集了一批捍卫共和的斗士。这种情况下，法国和比利时不再容忍这个制造麻烦的流亡者，1852年，雨果被迫迁往英吉利海峡中的泽西岛和根西岛，继续那遥遥无期的流亡生涯。

拿破仑式的放逐生活虽然不能同“二战”以来残酷的集中营迫害相比，但清苦、孤独、郁闷和窒息的天地却使雨果的追随者们难以忍受。他们都先后离开了，或向波拿巴政府投降，或接受赦免，或到异国他乡，或潜回法国。雨果的伟大之处就在于，他绝不放弃共和战士的一贯信念，决不接受专制者的赦免，他无畏地宣告：“在千百个战士中间……只剩下一个了，我发誓，那就是我！”

不知何故，告别了荣华富贵和龌龊的生活，雨果的精力和灵感空前喷涌，他整天面对苍穹和大海、峭壁沉思，无尽的心灵和呼唤化成了归真返璞的传世之作。事实上，在漫长的流亡中，雨时还从来没有像这样轻松、自由，这样热烈地写作过，消耗他精力和时间的女人们以及各种应酬都烟消云散了。这时，跟随着雨果的家人和朋友中，也有忠实的尤丽叶。她的存在对雨果的创作始终都是动力的源泉。雨果在泽西岛和根西岛上最大的收获，就是完成了巨著《悲惨世界》。

早在几十年前，雨果就打算写一部长篇社会小说，为此，他陆续收集了一些素材。可是热衷政治使写作给延误了。直到到泽西岛开始，他才铁心要把巨作完成。扎根孤岛的生活却使雨果和孩子蒙受了煎熬，他的一个女儿后来精神失常，可能就与长期的苦闷压抑有关。每当妻子向雨果提出迁移到其他城市去的主张，都被他用堂皇的理由弄得无言以对。

只有尤丽叶对忍受这种悲惨的生活无怨无悔。事实上她已成了雨果生活的旁观者，他不许她靠近他的家。雨果为尤丽叶在根西岛“高城别墅”旁边买了一间小别墅，使她能看到自己的偶像在阳台上怎样梳洗打扮，看他工作。只有饭后，尤丽叶才有权陪同偶像散步。他们的接触大都是通过书信往来。每当雨果在撰写他的巨著时，他总会得到尤丽叶的鼓舞和协助。她酷爱他的《悲惨世界》，而且把誊清原稿的工作视为无上的乐趣，因为书中珂赛蒂的修道院生活，就是尤丽叶少女时代生活的追忆。

流亡中的雨果，有一大堆谋生乏术的子女，都得靠他的稿费生活。不过他是个以自我为中心的人，他不理解妻子和孩子为什么还要去留恋过去那种令他感到悔恨和堕落的浮华生活。因此，他的爱是没有温暖的，只会使人感到压抑。百无聊赖使他的女儿丹丹得了严重的神经性头痛；1862年，儿子查理毫不留恋地离开根西岛迁回巴黎……到1867年，雨果家几乎就剩下他一个人孤零零地站在海岛的悬崖绝壁上了。

对于孤独，雨果是这样看待的，他说："孤独为了某种崇高的疯狂把人解放"；"孤独是万世不灭燃烧荆棘的轻烟"。他在黑暗中的呼唤、他不顾家庭和世俗的一切，为的就是唤醒法兰西对自由的尊重。

在这种痛苦净化心灵的笔下，雨果写出的作品自然非

同凡响。著名作家福楼拜读了雨果的《历代传说》，他惊叹："这是一个怎样的诗人啊！我一口气吞下了两大卷。没有你我遗憾……没有知音我更遗憾。我真想高声吟哦三千句！……雨果老人使我头晕目眩。哦，什么样的大手笔啊！"

1870年9月，风雨飘摇的波拿巴第三帝国终于倒台，共和国宣告成立。9月5日，雨果在布鲁塞尔售票处的小窗口，用激动颤抖的声音说："来一张去巴黎的票。"他终于结束了流亡的生活，他说："我等这一刻整整等了十九年！"

当载着雨果的火车开进巴黎，黑压压的人群在站台等着他，这激动人心的一刻无法以笔墨形容。为此，白发苍苍的雨果对人们说："这一小时足以补偿我二十年的流亡了！"

然而，幸福与痛苦依然交替，回到魂牵梦萦的祖国，这是何等的愉快！痛苦的是，往日的一切都变了，社会的动荡骚乱远没有平静。雨果这位居高临下的伟人发现生疏的社会中难有他的立足之地，尤其是儿子查理猝然去世，给了他意外惨重的打击。为了料理儿子留下的大量债务，雨果和尤丽叶、儿媳及其孙儿们，又回到了布鲁塞尔。1872年，雨果怀念赎罪的流亡生活，他又一度重返根西岛。

在雨果走向垂暮的十年中，他天才的火光依然没有熄灭，在“高城别墅”他还能写出像《九三年》那样的长篇杰作。另外，辉煌的荣誉又使他恢复了浮华的生活，就连尤丽叶的死，也没能把他从这种罪恶的深渊拉出。

雨果的妻子安黛儿死于1868年，那时他只是在妻子的肖像上写道：“亲爱的亡人，我宽恕了你……”但死心塌地跟着他的尤丽叶在1883年5月故去，雨果却悲痛欲绝，以致不能出门陪送亡人。他感到来日不多了，只好在日记中叹道：“人间的萧条叫人凄凉，听力在减弱，视力在昏暗——主啊，请迎接我的灵魂吧。”他知道，在这个年龄上，无论是欢情还是荣誉，都不再是逃避死亡的避难所了。

在雨果的弥留之际，他对自己的一生和所作所为似乎都无动于衷了，除了哀叹雄伟精力的衰竭，他说出了一句自己的名言：“谁战斗，谁才真正活着。”所以当1885年5月患上那致命的肺炎后，躺在病床上，雨果仍对身边的人说，他是“在日光与夜光中间进击”。

1885年5月22日，这位伟人最后用嘶哑的声音说道：“我看见了漆黑的光……”然后便溘然长逝。5月31日，为了表达祖国的敬意，法兰西为雨果举行了国葬。这对安息的伟人来说，的确是个意想不到的满足。

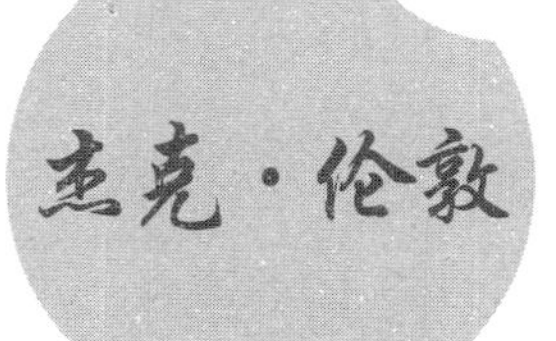

杰克·伦敦　疯狂的灵感犹如燃烧的火焰

他已经看见胜利的曙光的时候，却悄然倒在胜利之途的路旁。逝者是否在灵魂出窍时像过电影一样，眼前飞驰闪过一幅又一幅的画面：那荒凉空旷又蕴藏宝藏的阿拉斯加，波涛汹涌又岛屿星罗棋布的太平洋，横贯美洲大陆的铁路线，形形色色的鲜活人物，人与自然的严酷搏斗，人与人之间错综复杂的社会关系……

不知杰克·伦敦是否是如此这般离开人世。

杰克·伦敦的童年在穷苦中度过，他是私生子，出生就意味着不幸。他当过水手、参过军、淘过金，这些经历没有给他带来财富，却让他增长了见识，扩大了眼界。

遍地的贫困、剥削和暴力，深深地印入杰克·伦敦还没有完全成熟的心灵中。长年的流浪没有使他丧失生活的信心，他强烈地追求知识，不甘于自暴自弃。即使在飘泊无定的困境中，书也总是他的伴侣。

杰克·伦敦满怀对穷苦人的同情，写出一部部呕心沥血的传世之作。这位曾经饱尝人世艰辛，也曾经用自己的笔为社会底层的不幸者呼喊过的作家，在达到文坛顶峰时，也在一瞬间结束了自己燃烧的生命。

法国作家左拉曾指出，真正的小说是一种“没有任何东西可以代替真实感和个性表现”的创造，美国伟大的作家杰克·伦敦（1876—1916）之所以名垂青史，就是以其作品的强烈真实感及引人入胜的独特性，从而为其赢得了世界性的不朽声誉。

杰克·伦敦的成功，取决于他那自强不息和火一样的个性，同时也与他那苦难坎坷的经历密切相关。杰克·伦敦在自己没有尽头的不幸中没有堕落，而是在消除障碍中都能创造奇迹，我们只要对杰克·伦敦的生活侧面稍加留意，就会明白人类的“智慧就像一块火镰，必须把它敲在石头上才能冒出火花”这一真理。

杰克·伦敦1876年生于美国旧金山。他的出生就意味着不幸，因为他是个私生子。他的母亲芙洛拉据说出身有钱世家，也受过很好的教育，但在青年时代却离家出走。和一个叫詹尼的男人同居而生下杰克·伦敦，尽管这孩子长成后很酷似父亲，有一副魁梧的身材，生命力极为旺盛，并有着广泛的兴趣和冒险精神，但詹尼始终不承认

杰克·伦敦是自己的骨肉。事实上，杰克·伦敦的母亲在他8个月大的时候，就改嫁了一个叫约翰·伦敦的人，小杰克就是继承了“伦敦”这一父姓。

据说，杰克·伦敦的继父是个非常勤苦工作的人，这无疑对杰克·伦敦的吃苦耐劳的作风给予了重要影响。可惜，芙洛拉并没有使用好丈夫攒下的血汗钱，她大胆的投机冒险使得家财血本无归。在这一贫如洗的家庭，杰克·伦敦小学也没读完，十岁开始就自食其力了。

就像少年的法拉第一样，报童杰克·伦敦也是风里来雨里去，走街串巷送报换得几块钱糊口。他还到罐头厂去当过童工，工头的辱骂和拳打脚踢给他上了社会生活的第一课。没有固定的职业和收入，杰克·伦敦也像许多穷孩子一样，经常在饿一顿饱一顿的情况下，溜到码头去偷牡蛎。

常言道，生活的重负使人失去受教育的机会，再加上恶劣环境的熏陶，精神疲惫不堪的穷苦人很容易走向沉沦。然而，与众不同的杰克·伦敦，尽管被生活折磨得劳累不堪，但他却仍能振作精神，尽可能地利用空闲时间博览群书。小镇上的公共图书馆，留下了他不断打磨精神意志的烙印。要说命运与生活赋予他什么，那就是精神食粮——书籍，那其中有他无尽的力量源泉，有他天才焕发所需打下深厚基础的基石，他从中悟出了人生的真谛，确立了不懈奋斗的目标，并找到了自己赖以生存的支柱。

杰克·伦敦堪称自学成才的典范。强烈的求知欲，使他坚持苦读一生充实自我，而勤奋促使其勇于冒险实践，两者的结合使他弥补了学校教育的缺陷，学识和修养加上丰富离奇的阅历，最终便化成了一部部呕心沥血的传世之作。

杰克·伦敦生活在美国疯狂的开拓时代，因而其贫苦奋斗的经历是众所周知的，而且在其文学作品中时时再现。据说，杰克·伦敦是从达尔文的进化论和尼采的哲学中首先找到了小说创作的主题和灵感。

21岁时，杰克·伦敦曾到北美的阿拉斯加投入了淘金狂的队伍，他没有发财致富，却找到了精神财富的宝藏，他的风靡美国的作品如《生之渴望》《海狼》《白牙》等，大都是以阿拉斯加残酷的大自然为背景选取人与动物题材而成的扣人心弦的佳作。

在这一系列的作品写成之前，事实上，杰克·伦敦已作过精心的准备和构思。在生活的磨难中，他时刻保持着注意力，凡见到新奇的事物、美妙的对话言语，或是一方奇特语言和人物，他都不忘留心记下，就如同科学家记下实验数据一样。他那些积累如山的记事簿，后来就成了其优秀作品用之不竭的素材。

人们发现，杰克·伦敦的“阿拉斯加小说”，主人翁都具有超人的能力，他可以历尽艰险，最终却克服战胜了一切，这种“优胜劣汰”和“超人主义”观点，据说就是来自于达尔文和尼采的理论。

然而，杰克·伦敦尽管才华横溢，但他的成名却非一蹴而就。这一点，他在投稿中屡经挫折的经历，已十分生动详尽地反映在其自传性小说《马丁·伊登》当中了。《马丁·伊登》忠实地告诉读者们，即便你是个有才能的作家，但在默默无闻之际，你的投稿能够得到出版的机遇往往很少，屡遭退稿要习以为常。这就是杰克·伦敦以自己的切身体会给未来作家的忠告。

挫折，对于充满自信的杰克·伦敦来说，那是激励他更加努力奋斗的清醒剂。有时候，他一周要工作七天，每天伏案写作十九个小时。写得顺手，一天下来就是洋洋万字。写不顺手，或经反复修改，每天至少也要保证写上一千字。否则，“不到最后审判的喇叭鸣响，我绝不中断”。可见，杰克·伦敦有如此的坚强意志，也堪称超人。

杰克·伦敦为信念理想而奋斗的经历还是印证了“是玫瑰它总会开放”的格言。《野性的呼唤》出版于1903年，出版便马上走红美国。小说的风格个性十分独特，它又是以北美极地的冒险搏斗的真实生活为背景，因而这部以狗为主人公的小说大受好评，人们纷纷争购，成了当年的首榜畅销书，杰克·伦敦也因之成了著名的作家。

受到《野性的呼唤》成功的鼓舞，他的创作欲一发而不可收拾，写了一系列以动物为主人公的小说。这些充满了人情味的小说，实际上也反映了作者对动物与人乃至人类社会的深刻的洞察力。

杰克·伦敦在贫困的深渊中长期地摸爬滚打，故有“马背上的水手”这一雅号，他一夜间成名，金钱蜂拥而至，名人所遭遇到的种种麻烦琐事也使他应接不暇。然而，他一生坚定的信念和吃苦耐劳的作风却永不改变。一天至少保持写一千字的计划始终是杰克·伦敦生活的信条。人们在他居室的墙上，就发现贴有如下的座右铭：“现在工作正驱使着我，主啊，请别让我生起怠惰之心。”

然而杰克·伦敦的生命十分短暂，他仅活了四十岁就服毒自尽了。他用于写作的时间更为短暂，可是他为人类留下的长短篇小说集，竟达五十部之多。杰克·伦敦何以具有如此超人的意志和体魄精力？关于这一点，我们在他的小说中，很容易找到其本质的答案。

例如，在描写极地的淘金狂时，杰克·伦敦描绘道：“我曾经和毒日头一同赶路。那家伙一生就没有疲倦的时候。不知是何道理，我亲见他穿着湿袜子，在零下四十五摄氏度，一天到晚赶路。别人没有一个干得了的……

‘走，好家伙！’他高声大喊。

狗马上使尽力气顶起胸带，低头对着雪地，将脚爪踏入积雪中。它们大声狂吠，雪橇还未前进几步，毒日头和卡马追了上去。人和狗就这么奔着，越过河岸，顺着冰冻的育空河床走去，消失在灰白色的曙色中。”

这就是杰克·伦敦笔下的一曲自然生命力的颂歌，它洋溢着严酷的美和超人的魅力。杰克·伦敦的青年时代就饱尝了这样的生活，他一方面是讴歌野性的强健与耐力，同时他本人在生活与写作中也是这种令人称羡的身体力行者。

在杰克·伦敦的极地小说中，我们还可以看到许多绝境逢生的情节。如贮存过冬的食品意外地丧失了，面对飞来横祸，在鸟兽绝迹的雪地中，人们没有惊慌失措，而是采取各种相应的对策，或是派人求援，或去寻猎野鹿……面对偶然出现的松鼠，由于子弹不多，还需做到弹无虚发。在漫长的煎熬中，有时竟几天才见到一只松鼠。这时，捕猎者必须小心谨慎，甚至要花上几小时偷偷跟上去。有几十次，因为手臂无力而颤抖，捕猎者只得眼望松鼠，不敢扣动扳机，这种铁样的自制力是生存的本能练就，不论饥饿的苦痛怎样锐利，不管要把吱吱作响的生物急吞下去的欲望怎样迫切，他也不敢冒些微闪失的危险。淘金者把松鼠吃个一干二净，皮烧成汤，骨头砸碎吞下。还往往把小树皮和草莓熬煎一小时后咀嚼咽下。淘金狂们就是这样坚持活到大地春回。

人们的生死搏斗为了什么，它换来财富金钱。然而，人类并不因此而幸福，苦难依然没有尽头。这种观点是杰

克·伦敦小说中的主题之一。据说，这是作家从马克思的著作中，获得了社会主义思想。因此，杰克·伦敦除了讴歌为生活而斗争的人们和不可思议的生命力，他又悉心刻画饱受社会践踏的人们，通过揭露社会的黑暗面以展示乌托邦社会主义的理想。因此，有人便称杰克·伦敦为“巧妙驾驭社会主义和超人主义这两驾马车”的能手。

的确，作家笔下的小说，就是其本人内心的旅程。例如，杰克·伦敦在小说《毒日头》和《马丁·伊登》中，既披露了自己的切身经历，也暗示了自己选择的归宿。

极地英雄毒日头靠的是不屈的斗志，他在荒凉的北极过着原始人一般的生活，他不断追寻金沙，不怕危险、寂寞和饥饿，他逐步征服了大自然，把荒原变为了城市。可是，当回到美国的所谓文明都市之后，面对貌似文明而实质虚伪的弱肉强食，毒日头又被迫进行另一场血腥的搏杀，他痛恨那些工商界的社会蛀虫，他要剥下他们的假面具，让其卑劣无耻的行径暴露于光天化日之下，他就是要拦截那些杀人不眨眼的“强盗”。

毒日头在商战中获胜了，他又占有了大笔财富，他在当地山上种了桉树，又造了电车、渡轮和自来水厂……这都是令人憧憬的社会美好现实。然而，我们的主人公却放弃了，他告别了纸醉金迷的繁华都市，舍弃了美酒、舞会和尽可能的一切享受，不顾一切地要回归自然的怀抱，这时，黄金在他眼中变成一堆粪土。

事实上，生活中的杰克·伦敦也一样，当梦寐以求的东西一旦变成了现实，这美好的一切顿时又化成了泡影。例如，1910年的杰克·伦敦年方34岁，已成了赫赫有名的作家，他开始实现一个多年的梦想——构筑一幢大厦，他盼望妻子查米安给他生个儿子，他也坚信自己会有儿子。杰克·伦敦想把大厦命名为“狼城”，他打算阖家安享天年，子孙繁衍发达，因而他决心要使这幢房子成为美国最壮观、最独具风格的建筑，他在监督施工中甚至连一块木材的使用也要挑剔。

不幸的是，妻子没有给杰克·伦敦生下久盼的儿子，她生下一个女婴，而且三天之后就夭折了。福无双至，祸不单行，接踵而来的悲剧是“狼城”的焚毁。这幢房子花了杰克·伦敦的8万美金，这在当时可是惊人巨资。1913年8月18日，房子已大功告成，水电也已安装完毕，一些工人在收拾沾有易燃松节油的抹布，那是用以擦拭木构部分的工具……第二天早晨，杰克·伦敦全家就要搬进新居了。可是，在将近凌晨两点之时，人们被惊醒了，从远处看去，屹立在峡谷中的“狼城”已经变成了一片火海。

生活即苦，这是杰克·伦敦的自传性小说《马丁·伊登》中时隐时现的主题。主人公奋斗了一生，有挫折、有成功，悲喜交织的血泪人生耗尽了作家的天才，在达到文坛顶峰时，作家本人也在一瞬间结束了自己燃烧的生命。这种描写实际上也是杰克·伦敦对自身命运的预言。

在盛年之际，称得上是功成名就，可是突如其来的双重打击，粉碎了杰克·伦敦对未来的憧憬，而且也夺去了过去那些主宰他生活和性格的对人类的爱与信念。在悲苦沉寂的1916年11月22日，这位才华盖世的作家服毒自尽，结束了其四十年来丰富多彩的人生。

茫茫苦海中不见彼岸

“幸福的家庭都是相似的，不幸的家庭各有各的不幸。”这句被人们广为引用的名言，就出自列夫·托尔斯泰手笔。

可悲的是，一语成谶。列夫·托尔斯泰无疑是成功的大文豪，但在他的家庭经营上，却并不圆满。

列夫·托尔斯泰出生于上流社会，轻易拥有他人可望而不可及的一切：金钱、地位、名望……然而他厌倦了一切物质财富，开始改变生活方式，甚至自我折磨，以实现自己的信仰。

尤其是在他的最后一段岁月里，他的生活

并不美好，他的周围充满了责难：朋友、亲人都不理解他的社会观、宗教观；在家里，家人不时与他发生冲突；在社会上，许多报刊攻击他，众多科学家，甚至沙皇政府都表示对他不满。

为了避开纷扰，他在82岁高龄时离家出走，途中病逝在一个荒凉的小车站里，结束了他光荣与痛苦的一生。

被列宁称为“俄国革命的镜子”的列夫·托尔斯泰，是19世纪末叶辉映全人类的一颗无与伦比的文坛巨星，他为何能写出《安娜·卡列尼娜》和《战争与和平》此类的不朽名作，这一直是后人苦苦追寻探索的话题。

伟业的成就取决于各种各样的因素，用托尔斯泰自己的话来说：“信仰就是生活的力量。”因此，人们无需寻找更多的答案，这位伟人留存后世的鸿篇巨制中闪现的深沉思想和撼人心魄的力量，无疑来自其悲天悯人的情怀和无尽的忧思，更是来自于他那宗教神秘主义的昂扬。

列夫·托尔斯泰（1828—1910）出身贵族，故人们都称他伯爵。人的出生不分贵贱，凡成大事者，皆具有强烈的责任感，托尔斯泰也具有这种素质。例如，在他已经成为一个著名作家的时候，他对待自己的文字，仍然是保持一丝不苟的改稿原则。

尼·古谢夫在回忆托尔斯泰写作时，曾记述到：当伯爵勾画出新作品的草稿之后，他便交给最亲近的人缮写誊清，然后再修改，如此反复达二次、三次甚至是十次以

上。这正如他自己所说：“要永远抛弃写作可以不修改的思想。修改三四次还太少。”托尔斯泰的一生的确始终在履行这一原则。

托尔斯泰的生活态度和举动，就像是一个坚毅的军人。著名画家伊·列宾在托尔斯泰晚年的时候，常陪他沿着林间小径去冰凉的小河游泳。托尔斯泰把鞋子脱掉插在腰带上，他迈着稳定的、迅速的步伐，毫不在乎满是树枝和碎石的路面，当列宾汗水淋漓地跟上他时，托尔斯泰已跳进了冰冷的水里。惊讶的列宾看着他那魁梧的身体，凛然的气概，感觉他就是一位将军。

的确，出身贵族的托尔斯泰曾是个军人，正是在克里米亚战争中经历了血与火的洗礼，才改变了他的思想和人生。

托尔斯泰像许多贵族子弟一样，纵然是有万贯家财和世袭的贵族封号，他们还是向往功名和伟业。然而，在从军之后，面对血腥的屠杀和生死搏斗的考验，托尔斯泰对自己原有的人生价值观产生了完全的动摇，他说：“我开始领悟到了一个伟大的思想，为了实现这一思想，即使牺牲我生命中的一切也在所不惜。”这一思想是一种新宗教的创始。

如何实现自己的宗教思想，除了生活的付出和实践，再就是拿起笔来关注眼见的人生。托尔斯泰离开军队，回到帝都彼得堡。他时常写作，也不断出入当时的上流社会和文人圈子。他的写作天才最先被涅克拉索夫发现，那是因为托尔斯泰把自己写作的小说《童年》投寄给了著名的文学刊物《现代人》。涅克拉索夫认为这位无名作者的思想倾向、朴素的风格和现实的内容结构都非常引人入胜。凭着自己的才华，托尔斯泰很快就在文坛中崭露头角。彼得堡和莫斯科生活的经历，后来都在他的《战争与和平》等名著中时隐时现，他再现的俄国社会可谓既真实又深刻，他的文学镜子映照出广阔的俄罗斯风情和世人百态。

然而，托尔斯泰面对这些光怪陆离的社会现象时感到格格不入。一方面，是他的天性在“本能地反对一切一般认可的理论。”这种绝对化的观念使他同许多文人有了积怨。有一次，他所敬重的大作家屠格涅夫谈到自家女儿从事的慈善事业，并以博爱的胸怀进行了赞扬，而托尔斯泰却认为那是一种虚伪的善行，结果两位知音反目成仇，直到二十年后才重归于好。

托尔斯泰的作品深刻而真实，那是因为他的目光异常地敏锐犀利，他不相信任何人的真诚，他认为一切道德的冲动都是伪善……即芸芸众生和社会都是无理性的。这使我们想到《圣经》中的有关诺亚方舟的故事，上帝认为人类都是不可救药的，只有让他们接受洪水的灭顶之灾。

事实上，绝望和死亡的阴影一直伴随着托尔斯不算短暂的人生。他常常说，“我走到深渊面前，清楚地看到在此之后，除了死我一无所有”；“为了怕临时起了自杀的念头，我不再带枪去打猎了”。

是什么原因使作家对人生感到如此绝望和悲哀？著名评论家皮萨烈夫在《战争与和平》的情节中发现了作家深层的忧思。当一般读者只注意到欣赏主人公罗斯托夫少年般激昂的性格，比如，在猎队布置好打猎时，当他向上帝祷告，祈求着让狼跑到他这边来，他激动而乏力地说：“我知道（上帝）你伟大，向爸爸求这个，是罪过；但在上天的面上，你把母狼引到我这边来，让我的狗当着其他人的面死死咬住它的喉咙吧。”最后，当罗斯托夫看到狼被一群猎犬包围撕咬着的时候，他快乐得几乎要哭了。皮萨烈夫认为，如果像打猎这样的琐碎无聊事，居然能使人从狂暴的绝望到发疯般的快乐，当马厩、猎犬舍和就近的森林就能过剩地满足人的神经的一切要求的话，那么这个人还有何必要去关心自己生活的广度和深度呢？还有何必要在广阔而汹涌的社会生活海洋中去为自己和他人创造价值呢？而罗斯托夫的生活不过是当时俄罗斯周而复始的贵族生活中的一部分。这种生活当然会让有着信仰追求的托尔斯泰痛心疾首，同时也看不到希望。

人类的苦难为何没有止境，杀戮和奴役时刻在眼前发生。面对灾难，托尔斯泰为了启迪人们的良知，他还提出了“逆来顺受者逢凶化吉”的不抗恶理论，而且将其不厌其多地诉诸于文学中的描写。事实上，人们不难发现这种思想与基督教和佛教的渊源。托尔斯泰还说道，“人只有在沉醉于人生的时候才能活，但醉意一消失，就知道一切仅是欺瞒……家庭与艺术早已不能使我满足。”

托尔斯泰后来的确是放弃了他原有的贵族生活，穿上了农民的装束。因为这时他意识到：“百姓的生活就是人生本体，也只有这种人生的意义才是真理。”不过，我们从托尔斯泰的许多文学作品中仍可看到，这种他诅咒的贵族文化与生活，既是他体验得最深和最熟悉的东西，也是

他最擅长描写的主题之一。《克莱采奏鸣曲》，还有论艺术的文章，甚至是翻译中国老子的《道德经》，这一切无不显示托尔斯泰具有十分广博深湛的文化修养。实际上，他并不真正了解自己庄园的农民。这位伟大的作家，曾一度在雅斯纳雅、波良纳的乡村学校给农民教课，还写过《识字课本》。他试图改善波良纳农民的生活，可是农民不信任他，并且拒绝接受由他提出的解放条件。这一切，使这位悲天悯人的改良家感到心灰意冷。

事实上，托尔斯泰真正得到感情发泄满足的时刻，是在对传统反叛造成轰动效应的那一瞬间。尽管音乐学院院长鲁宾斯坦教授曾为托尔斯泰举行过专场音乐会，著名画家列宾是他的挚友，有的画家还为他的作品画过插图，但他在抨击时政的同时，也攻击学术和艺术是两个共谋犯。托尔斯泰还大胆地谴责教会是“强盗与撒谎者的结合”，他认为“教会的教义，理论是要诈的……实践上是卑俗的迷信与妖术的混杂”。

托尔斯泰愤世嫉俗，不满现状，其容易引起事端的言论，早就引起了当局的不满。1862年7月，在他离家期间，沙皇政府下令对波良纳的托尔斯泰庄园进行了仔细地搜查。托尔斯泰的叛教行为，在1901年2月，也招致东正教最高会议作出了开除他教籍的决议。

托尔斯泰一贯鼓吹不抗恶的主张，但是，他的言论恰好造成了相反的效果。例如，在1901年开除托尔斯泰教籍的事件后，便爆发了大规模的社团和民众的抗议示威游行，各阶层派出代表团，散发信件、电报，接着政府便进行了镇压。

从托尔斯泰留存的日记和作品中可知，他在青年时代同样也不免沾上贵族的种种恶习。如冒险搏杀、纵欲，打牌和酗酒也一度以旋风似的力量袭扰着他，他曾经一连几个月在最下流的烟粉场中厮混，这都成了留给他印象最深的罪孽，这些体验后来都构成了他创作诸如《复活》之类天才作品的源泉。

生活在俄罗斯这块辽阔而凄凉的土地上，托尔斯泰躲避着上流社会的虚伪与奢华，眼中看到的都是民众的受苦受难和社会的种种堕落和不幸，他在产生新宗教信仰的同时，也在寻找自己解脱的方式，那就是回到平民的生活中去。这实际上是托尔斯泰对自己过去放浪的贵族生活的一种反醒和自责。

伊·列宾曾在回忆中写道，在那通往密林的幽径，一个身材高大的流浪汉，拎着篮子，迈着稳健的步伐，正在草丛树根下搜寻磨菇。他的服装是自制的黑色短衫，不成样式的黑裤子，头上戴着相当破旧的白色便帽，这便是伟大的托尔斯泰的平民化形象。

在当时普遍追求官阶、财富和名声的社会风气中，托尔斯泰的举动自然引起了人们的强烈震撼。一个作家在他荣誉的顶峰，在他精力最为旺盛的时刻，为了一种道德的信念而停止创作，他动手缝制皮靴，耕种田地，给贫苦乡邻的地里送去大粪，在工作之闲暇，他不是去写作传世名著，而是写作供民众和儿童阅读的童话寓言体的宗教论文。这样做，值得吗？

与此同时，托尔斯泰独特的人格精神使他的夫人感到难以忍受。有一阵，托尔斯泰和家人去到莫斯科，但他却一人独处，他有时不食不眠，有时泪流满面。夫人担心他会发疯，她对他说：“看到你把如此的智慧和力量，虚耗在伐木、煮汤和缝鞋上，我无法不感到悲哀。”

看到托尔斯泰的精神解放试验，挚友屠格涅夫在临终之际，也给他写了劝慰的信，信上说：“我的朋友，俄罗斯最伟大的作家，再回到文学方面去吧……”特·凡戈也说：“斧头不是托尔斯泰的工具，他的工具应当是笔，耕作的园地应是人类的灵魂。”

然而，事实上，托尔斯泰之所以能创作出具有影响力的作品，源于其精神的信仰力量，在身临其境的“人间喜剧”当中，他始终是个严肃认真的悲剧演员。例如，有一次屠格涅夫和托尔斯泰一起散步，看到一匹衰老的驽马躺在荒芜的田野里奄奄待毙。托尔斯泰立刻想象自己是这匹马并开始生动地叙述它悲惨的思绪……托尔斯泰无与伦比的才华就表现在，他能把自己完全和他所描述的生活在思想和感情上融为一体：他如果描绘儿童，他自己就变成了孩子。

托尔斯泰不同凡响的举动，一方面引起惊奇和轰动，另一方面也引起嘲笑和冷遇，他虽受到上流社会的排斥，但也幸福地看到了自己文学事业上的光辉成果，所以他更加我行我素。

对他挑剔的人在杂志上撰文攻击他，称这位农民打扮的伯爵，在大谈放弃私有财产的乐趣时，自己仍是一个大地主，拥有巨额收入，只不过是不亲自经手，而是交由

儿子去办，包括买火车票在内，他不触碰钱财，却拥有一切。尤其是他的新文集出版了，大家都争着去购买，结果发现单独1卷不卖，要买则要买完全集。这就引起了大众的愤怒，原来一个断然要放弃财产的人，在生活中竟然是个唯利是图的生意人。幸亏此事不久即得到澄清，它与作家本人无关，而是作家夫人与出版商谈判的结果，而且夫人很快就取消了这条招致不名誉的规定。

实践表明，托尔斯泰绝对是一个坚强认真的人，而非言行不一。但是，他却无法对社会和家庭做到绝对冷淡和无动于衷，面对种种要求他也不得不采取不抗恶的态度。例如，托尔斯泰在自己的文章中说，他放弃的财富大约是六十万卢布（合45万美金）——则被他自己的家人拿去了。对此，托尔斯泰的家人却不承认，不过，他们还是敬重这位伟人，每年都划出六万卢布的收入归他支配。那么，在这种情况下，托尔斯泰拒绝享有财产也就具有虚伪性了，他靠体力活挣钱糊口的奢望也就失去了意义。这种奇特滑稽的状况也大大削弱了他在俄国青年中的道德威信。人们说，这一事实可用来证明托尔斯泰学说的局限性。

托尔斯泰一生的矛盾性还体现在诸多方面。如他的精神是悲观厌世的，但却十分畏惧死亡，一旦面临危险，他战胜死亡的勇气超乎常人。1892年的严冬，托尔斯泰的家乡梁赞省正闹着饥荒，他在三十俄里以内开办了若干个食堂赈济灾民。那时，积雪已掩盖了所有的道路，连大地上的沟壑山谷都给填平了。正好有一天列宾赶上了托尔斯泰的出行，他们乘坐马拉雪橇穿越在零下二十摄氏度的原野山地间。在多山的克拉西沃，可见遥远的顿河，雪橇忽而山上山下，忽而又是急拐，就在一个小山冈的斜坡上，这架不带滑铁的雪橇翻下了沟壑，人和马都深陷在积雪中，动弹不得。这时的列宾一筹莫展，他提议等人相救。只见托尔斯泰迅速挣扎起来，脱下外套，马上卸下驭马的车套，又费尽九牛二虎之力把马推上大路，后来两人又协作给马重新装上雪橇。一脸银须而刚毅的托尔斯泰，就像个神奇的魔法师，两人拖着疲惫冻僵的躯体，坐着雪橇回到了庄园。那时候野地里长时间不见人影，列宾暗地庆幸：要不是托尔斯泰的果断行动，他们无疑要永远埋葬在冻土之中了。

著作等身的托尔斯泰对自己过去的文学活动是蔑视

的，他甚至认为所有的精神财富都与物质财富一样，那都是些无益而有害的东西，所以他对东方的神秘哲学，如老子和孔孟之学都深感兴趣。始终感到痛苦的托尔斯泰，只有拿起笔使自己的忧思变成文字时，他才能获得暂时的安宁。可以说，痛苦是他创作的无尽源泉。

1884年6月，托尔斯泰第一次产生了从波良纳庄园出走的打算，他想摆脱这种周而复始的“老爷”生活方式。不过，最终他还是下不了决心成行。

1885年的秋天，一个神秘的宗教人士傅列依突然来到庄园造访托尔斯泰。对傅列依，托尔斯泰视之为精神上的兄弟。当客人的马车停在庄园的门前，这位魁梧、宽肩、白发美髯的大作家向傅列依伸出了双臂。在傅列依的眼中，托尔斯泰就像个农夫，他那纯朴热情、风吹日晒的面庞与他的衣着十分协调。他们在托尔斯泰的房间交谈、争辩。

傅列依看到这个用屏风分隔的大房间：一半是书房，放着不多的书和写字台；一半是工作间，内有制靴的工具和其他制器设备。托尔斯泰亲自打水伺候客人，他的原则是，不使用家仆。

然而，庄园的其他房间和餐厅却与托尔斯泰的斯马达式房间形成了鲜明的对比，如餐桌前居然侍立着身穿燕尾服的仆役，托尔斯泰的农民装束，与周围贵族气氛的反差实在离奇。他的子女中，只有一个女儿接受他的学说并按照他的生活方式生活，不仅不吃肉，还时常去为最贫困的农民家干活。而大多数家人还是把托尔斯泰看作是客人，他们默默地照顾他。托尔斯泰就像过意不去的来客，他时常在花园或是田里劳动，或是缝靴子。当全家人去莫斯科过冬了，他就劈木柴，并把柴火送到这幢大房子的每一个火炉前。据说，托尔斯泰的劳动为家里减少了不少生活开支。而他则认为，手上没有老茧的人不配同别人进餐，只配吃残汤剩饭。

傅列依还观察到，当托尔斯泰夫人和出版商谈判著作权的时候，往往固执己见而高声争论，这时，托尔斯泰就出来劝说双方。他对自己的著作权益，既不是斤斤计较，也不是无条件的慷慨大度。例如，他并不限制自己作品的发表权，允许任何人翻印，只有一个条件——要把发表和翻印的情况通知托尔斯泰作品的固定出版人，以便作者有可能对出版的文学内容方面进行监管。这一点都为许多俄国作家所仿效，从而大大地促进了俄罗斯文学的传播和发展。

托尔斯泰曾说过，他实在不明白，人们为什么花那么大笔钱来购买他那些“胡说八道”的作品。然而，事实上托尔斯泰的家人却因其作品的版权而获益不少。正因为如此，这样一个对真理和虚假如此敏感的伟人，他自然不会仅仅满足于矫揉造作地躲开人世间的烦恼。

托尔斯泰夫人在日记中曾记述，1909年8月的一个早晨，一个来自罗马尼亚的青年人造访托尔斯泰，他自称在18岁时因读了《克莱采奏鸣曲》而后自阉，开始务农种地。今天见到托尔斯泰的现状，他深感失望，作家写的是一回事，而真实生活却如此奢华，他哭着要求托尔斯泰给他解释这种矛盾。此事无疑给托尔斯泰带来了震动。

作家的家庭生活称不上是完全如意和谐，但也有其幸福之处。托尔斯泰的名声成就事实上离不开家庭的帮助，妻子为他抚养众多子女，誊写稿件，接洽出版，可谓功不可没。但是作家又受不了家庭的俗气，因而与夫人时有龃龉。托尔斯泰的悲观厌世发展到最后，其抛弃的对象不仅包括国家、宗教、科学……连家庭和妻子儿女也列入其中。

有一天，托尔斯泰去参观一处免费收容所，饥民的惨状使他回家后泣不成声，人民的疾苦和贫困何日才有尽头，他感到自己的任何主张、学说乃至实践都失去了意义，所以在1897年6月，他告诉妻子说："我决心要把一个想了很久的计划付诸实行……我要出走。……我们共同生活的后半期，在这十五年间，我们已分道扬镳了。"

话已经诀别了，不过，后来人们看到这位白发银髯的长者，仍在庄园里劈柴缝衣。

托尔斯泰真的对家庭缺乏感情吗？事实对此是否定的。托尔斯泰夫人写道，当塔尼亚，他们的第一个女儿降生时，托尔斯泰感动得大声痛哭，那时，他多么爱妻子儿女呀！后来，当托尔斯泰听人说夫人投水自尽未遂时，他自责内疚地号啕大哭。

托尔斯泰声称他厌倦一切精神和物质的财富，但是他却让著名画家列宾绘下了纪念性的永恒肖像和《托尔斯泰在犁地》的油画。他还时常去听音乐，儿子谢廖沙弹奏的舒曼、肖邦名曲，是他夫妇最酷爱的消遣。

随着1910年的到来，对于这位82岁的白发老人来说，一切光荣和痛苦都行将结束了。10月的一天，托尔斯泰突然离家出走。他先到妹妹玛利亚修行的修道院去。可是，他的行踪被家人发现了，他害怕被追随，又离开修道院，结果途经阿斯塔波沃车站时患了肺炎，11月7日，这位伟大的作家结束了痛苦。他恰好死在俄国革命的前夕，弥留之际，他哭着对身边的人说："千千万万的人们在承受着苦难，你们干嘛都聚在这里照顾托尔斯泰？"

这时，政府和教会仍然令他不得安宁，他们包围着他，要他取消对宗教采取的敌视态度，大批的军队开进了车站，包围着出殡的行列，不让作家之死在人民中引起轩然大波。

托尔斯泰死后，被安葬在波良纳庄园的"禁猎区"。这位伟人不论在生前死后都会引起社会的争论和广泛关注，如革命旗手列宁为哀悼托尔斯泰的逝世也曾写下了《列夫·托尔斯泰》一文。然而，沙皇政府和教会的反应却是冷淡无情。1911年5月，托尔斯泰夫人曾上书尼古拉二世，要求把作家自幼成长之地及其坟墓交由政府收购管理，以使作家的物质和精神遗产不受侵犯地保存在俄罗斯手中。而且，夫人还表示要把作家的手稿无偿献给国家机构永远珍藏。但这些建议却在当时没有得到采纳。

事实上，托尔斯泰夫人无须担心，托尔斯泰的作品早已为他的祖国赢得了世界性的声誉，今天的人们不是崇奉他的宗教，而是把列夫·托尔斯泰悲天悯人的良知，以及他博大的情思和对人类的挚爱永远铭记在心头。

亨利·福特 明知山有虎，偏向虎山行

福特汽车公司，是世界著名的“汽车大王”。一连串的数据，足以令人生畏。

世界最大的汽车企业之一；世界汽车工业的第一条流水线；公司推出的T型车1500万辆的产量至今仍然是未被打破的世界纪录。

亨利·福特因此被誉为“给世界装上车轮子”的人。

20世纪初期，年轻的福特就敏锐地预感到，汽车的时代到来了。他要成为这个时代的主宰，开创一个“福特的时代”。在连续两次失败后，他接受以往的教训，决定在任何情况下都要优先生产价格低廉的大众车。结果，思路正确，再加上汽车流水线装配作业，T型汽车大获成功。他终于从一个农家子弟做到汽车工业王国的“国王”。

亨利·福特可谓功成名就。然而他晚期的独裁统治，导致福特汽车长达15年的亏损，其刻意排除异己的管理风格，差点造成福特汽车公司“后继无人”。

独生子埃兹尔的死亡，换来了他的醒悟。他退居幕后，把企业的指挥权交给其孙子亨利·福特二世。

福特公司再次兴旺发达。

“只有蠢人，才有办不到的事。”这话出自举世闻名的福特汽车公司的创始人亨利·福特之口。他这种一往无前的精神个性，不仅使他缔造了一个前所未有的工业王国，还给世界装上了“车轮”。然而，若以强悍刚烈的作风去对待世间的一切事物，也会获得两种不同的结果，这一点，从亨利·福特的生涯可得到鲜明的反映。

19世纪上半叶，今天的汽车城美国底特律还是“文明的最边缘”，城外一英里就是密布的森林，当人们走进阳光难以穿透的林中，在拓荒者的村落旁边，到处是一片片砍倒的枯树。拓荒者就在这片树林中辛勤地耕耘。有人形容，夏季的底特律就像是寒冬腊月，到处是枯枝败叶。原因就在于，这里是北美大陆气候最恶劣的地区之一，气候寒冷，强风劲吹，所以在一百多年前它还是荒凉的不毛之地。

当时在密西根州，最便宜的东西就是土地，一个劳动日的收入是10先令，干一天活就能买到一英亩的土地。因此，这里移民蜂拥，其中以爱尔兰人最多。荒凉的土地和求生存的拓荒，造成了人们坚韧的性格，1863年7月30日，亨利·福特就诞生在密西根州一个开垦森林土地的爱尔兰移民的家庭。

事实上，亨利出生时，勤劳已使他贫穷的家庭变得富裕而且有声望，但在他的血液中还是遗传了坚韧和勤劳好动的天性。据说，7岁的亨利就成了狂热的钟表修理工，还热衷于设计研制各种机械装置。例如，他经常用弹子去换同学们的表盘，天黑后还偷偷溜出家门去收集邻居的手表，然后把表带回家来修理。有一次他因为摆弄脱谷机，差点被打掉了一个指头。他的嘴唇有疤痕，据说是少年时代做试验时蒸汽锅爆炸后留下的印记。

人的性格及其成长，都与他所处的环境有密切关系。对亨利一生影响最大的就是他的母亲。母亲教导他说，“厌烦的工作需要勇气、耐心和自律”，“生活将会给你带来许多不愉快的事……你的职责将总是艰巨的、烦恼和痛苦的，但你必须承担这一职责……你绝不能怜悯你自己”。然而，幸福与痛苦往往相伴。12岁那年，亨利的母亲病故了。这突如其来的打击使他和家庭像一只断了发条的钟。这种悲伤和震惊不仅结束了他的童年，也使他变成

了一个喜怒无常的人。他成功之后，有慷慨仁慈的一面，也有冷酷无情的一面。他说，“我尽量按我母亲所希望的那样去生活。”坚韧不拔——这就是亨利从母亲身上获得的最珍贵的遗产。

12岁那年，亨利和父亲乘马车去底特律，他第一次看到蒸汽车，由此而引起的惊讶和神往改变了他后来的一生。对机械的着迷引起了他父亲的厌恶，父亲知道，这样亨利就无法继承他的农场了。不过，他也知道，强扭的瓜不甜，家庭争论到最后还是达成了这样的共识：“亨利总有一天会在底特律城发挥他的机械才能的。”遗憾的是，亨利后来并没有像他开明的父亲那样来对待自己的儿子，以致造成了无法挽回的悲剧。

1879年，16岁的亨利开始了他的机械械作与创造的生涯。他先是在弗劳尔机械厂当学徒，学会了操作各种机械设备，还会靠安装自来水管和浴室设备挣钱。几个月后，他又转到了底特律的船坞公司，业余以修理钟表赚钱补贴生活费的不足。后来回忆这段艰苦的学徒生活，亨利说道，“没有一项有意义的工作是不艰苦的”。

也许是始终没有忘记为家庭尽责，19岁后，亨利又回到农庄，在家里一直待到近30岁。可见当时他还未意识到自己能够成为一个汽车王国的帝王。1888年4月，亨利与克拉拉·布莱恩特结为伉俪。克拉拉之所以看上亨利，是因为他不像个普通的农夫，他不仅善于经营他的农场和木材生意，而且是个善于利用机械的能手。

不过，亨利后来的魄力和创造性还是使克拉拉感到大吃一惊。当时他已敏锐地察觉到德国奥托内燃机的远大前景，它比以往的任何机器都轻巧、紧凑，功率强大，亨利认为，给这种机器改装上轮子，一定能成为自动行驶的汽车。

亨利还不知道，在他1891年搬到底特律去实现他的汽车梦之前，戴勒姆和本茨早就分享了发明汽车的荣誉。而且在法国，已经产生了汽车制造业。事实证明，亨利不是一个最出色的发明家，但他却是一个能将发明转化为具有最大价值的第一流大师。他深知，汽车机械离不开电气，为弥补自己在电气知识方面的不足，他一头扎进爱迪生电气照明公司，一干就是4年。

在公司的期间，亨利不仅获得了上司的提拔和重用，而且他还吸引了几个志同道合的能人参与汽车制造的实验。1893年11月，福特的独生子埃兹尔降临人世。从此，亨利似乎就交上了好运。他和朋友们一道设计制造出了自己的“福特汽车”，它与其他汽车最大的不同点就在于轻、快、可靠，而且造价低廉。这一创造马上得到了财团的重视和赞助。1899年8月5日，亨利·福特和他的支持者成立了底特律第一家汽车制造公司，很多看好公司前景的知名人士都购买了股票。

然而，当时的投资者只看中亨利的创造和胆略，还不清楚发明改进技术与实际生产、推广运用是两码事。事隔一年后，公司宣告破产，原因就在于福特并不精通制造复杂汽车零部件的技术，他对有效的加工程序还一无所知，而这点恰恰是赚钱的关键。

“只有蠢人才有办不到的事”这句口头禅，足以反映出亨利的个性。破产后，他得到威廉·墨菲这个大富翁的赞助。在墨菲的支持下，亨利与他的伙伴赫夫等人，精心设计制造出了参加1901年10月的国际汽车大赛的新车型。

10月10日格罗斯波因特的汽车大赛开始了，这对亨利是一个命运攸关的日子。人们对他并不抱太大的希望，因为这里有世界纪录的保持者，而亨利及其汽车都名不见经传。果不其然，只见那一圈圈赛车跑道上，亨利开的车每一圈都落后于对手，这让观众席上的夫人克拉拉揪心。亨利知道自己的车技不如世界冠军，但他对自己的赛车质量有信心。可不是吗？跑道上一辆接一辆的赛车退出了赛场，原因都是出了故障。这时前面的亚历山大·温顿至少领先了1/5英里，而比赛似乎也快结束了。

就在这时，亨利赶上来了，到第六圈时亨利已大大领先，给甩到后面的温顿越来越不行了，只见温顿的车尾开始冒出一股细细的蓝烟，它渐渐扩大为一片云雾，这时亨利的车已顺利地冲过了终点。

克拉拉见状，兴奋得发狂。底特律人更是欣喜万分，他们为自己的世界冠军抛帽子欢呼，还有的人为押错了注而打起架来。

亨利轻易地赢得了一次伟大的胜利。原因很简单，福特汽车简易耐用，它不侧重于速度和操纵的灵敏性，而前者恰恰为福特汽车的广泛使用打下了最好的基础。

这场胜利使得福特汽车公司1910年11月开始恢复，赞助人授予亨利1/6的股权。可是亨利并不热心赚钱，他还在一味搞设计，因此一年之后，他被赶出了公司。公司后来成了卡迪拉克汽车公司，也是今天举世闻名的美国通用汽车公司的主力。

亨利两次都轻易地放弃了走向成功的机会，这使当时的人们感到迷惑不解，他们将之归结于亨利性格的弱点，认为这个由农村转向城市的乡下孩子缺乏安全感和没有目标性。正如他自己所说，“我常常受到我内心和外界的无形力量所推动……我进入实业界时已经40岁，我开始发展福特工厂时也已40岁。但我始终在做准备。”

1902年5月，在自行车冠军库珀的资助下，亨利设计的新汽车再次在汽车大赛中夺冠，随后亨利与马尔科姆森再度联手成立了汽车股份有限公司。

当时，工程师哈罗德·威尔斯为福特汽车的A型车设计了字母“F”字很特别的蓝色椭圆形商标，它的出现标志着世界汽车世纪的来临。

后来，在汽车的批量生产中，实际上汽车厂商是设计者、组装师和市场的买卖人，他们把车型完善后，就将各种零部件转包出去给小厂制造，这种方法从20世纪初开始一直沿用至今。

公司开张后，亨利精于设计和改进技术，员工詹姆士·库曾斯精于财务管理和各种复杂的经营业务，这使公司的运转如鱼得水，订单纷至沓来，股东的投资在一年内就赚了回来。

事实上，如果福特公司没有库曾斯高超的管理经营艺术，亨利就不会功成名就了。例如，有一天，公司找不到一张重要的账单，问到亨利，结果发现在他办公室的废纸篓中，竟有不少重要的信件、账单和数目不小的支票。闻讯，库曾斯马上吩咐克林根史密斯担任亨利的秘书。更为重要的是，到1905年止，库曾斯已在全国建立了一个代理人销售网推销福特汽车。正因为知人善任，亨利已成为一个真正的实业家，而不再是那个只知打杂，日夜干活的亨利了。

福特公司的崛起，就意味着面临挑战，这时生产技术问题已退居次要，只有销售——正确地识别顾客并将产品卖给他们的能力，成了汽车厂商成功的关键。而当时的厂商们仍在盯住富人的口袋而生产。

亨利与众不同的天才，就在于他的逆向思维。有人认为他在公司未来的发展战略上是出于乡村人的本能，是出于对上层社会独享幸福的怀疑。为此，他抛开了最大的合伙人马尔科姆森，与威尔斯等人力图研制推出新型廉价的轿车。而且还要加快生产的速度和增加产量，他要让每个人都买得起福特汽车。剩下的事就是扎扎实实地埋头于革新工艺和创新技术来实现这一梦想了。

经过多次车型的改进，福特公司终于研制出了著名的大众汽车—T型福特汽车。它是亨利及其同伴们精心合作的结晶，T型车的零件可说无不凝聚着新的创造，它的最大特点就是简单轻便和耐用。在公司的冶金实验室，亨利的手下研制了超强度的原材料钒合金钢，T型车还具有强大的四汽缸动力装置，此外变速器和磁电机等都是全新的装置。

T型车的问世使热衷于汽车的人们激动不已，附有现金的订单如雪片飞来。小说家辛克莱·刘易斯说，尽管他得到了诺贝尔文学奖，但远不及T型汽车带给他家庭的欢乐。从此，美国和世界告别了汽车仅为富人玩物的历史。

福特公司降低生产成本的有效方法，就是可互换性的零部件必须加工得精密无比，这样才能做到快速组装汽车，以形成大批量的流水线生产。

1913年，世界上第一条流水装配线在福特公司的海兰帕克厂诞生了，这是人类历史上解放生产的伟大里程碑之一，使福特公司能达到每分钟生产23.6辆汽车的划时代水平。这种装配线一经问世，就被人们仿效沿用到今天。

大器晚成，此话也适合亨利，一般人在他这个年龄，生命已走向迟暮，但这一岁月正是亨利一生最富于扩张和冒险的阶段，他由此而达到了攀登权力、财富和创造力的顶峰，他成了一个跨国汽车公司的帝王，这一切都取决于他同样能将发明革新的创造力转化为出色的经营管理。

“安排使用，临时解雇”，这是一个持久的节约成本提高生产效率的经营原则，但是，“5美元工作日”，却是福特汽车公司首创，这在20世纪初叶是破天荒的大事，它要比传统的平均报酬高出一倍以上，而且工人干满6个月还有资格分到增产的红利。这样，福特公司的高效率就轻易地击败了汽车行业的所有竞争对手。

亨利不是个慈善家，但他深谙刺激生产的诀窍。为了提高职工的素质，他首创了“福特英语学校”，他要使来自各国的移民毕业后自觉成为工厂的主人。福特公司雇佣的女工远多于其他同行雇主。他甚至乐于雇佣残疾人，1919年的福特公司有4.5万名工人，其中残疾人就占了约20%。他说，这些人对公司感恩戴德，必然会以高效生产来报答他。亨利还和法院私下达成协议，雇佣了大批囚犯。他声称，自己会毫不犹豫地给绝望者以自食其力的工作，使其对未来树立信心，最终过上体面舒适和享有自尊的生活。不过，有人则指责福特公司是一个使人变成机器的地狱。不管怎么说，高效生产带来了高工资和高消费，这是福特比剑桥大学经济学教授凯恩斯早20年发现的刺激经济增长的重要规律。

亨利在事业是成功了，他的生存方式，使美国人与汽车结成了奇妙的情缘，然而，他在培养接班人上，却遭到了一生中最大的失败。

独生子埃兹尔·福特8岁就得到了父亲亨利赠送的汽车，他上学的课本中也总是画满了汽车。这个品学优良的孩子完全是在汽车的氛围中成长的，21岁时，埃兹尔就进公司当了一名秘书。埃兹尔为人谦和、细心、尊重别人的意见，同时也不缺乏干练和自信，人们都期待他有朝一日接掌福特汽车公司。

对此，亨利并没察觉儿子是与自己思维方式不同的人，他企图按自己的方式来塑造儿子，这样，后来的矛盾和悲剧便不可避免。

1917年，美国参加了第一次世界大战，本来埃兹尔非常愿意从军，但在父亲的坚持下，他被迫提出免服兵役的请求，且因符合规定条款而获批准。人们说，埃兹尔远比他父亲仁慈宽厚，他完全具备杰出人物的重要品质，但唯独缺少独立的气魄，他无法摆脱父亲的意志，后来为此付出惨痛的代价。

1918年，亨利也许是出于权力欲的驱使，参加了密西根州参议员的竞选，不过这次花了巨款却买到了失败。更为严重的是，亨利的得力干将库曾斯，为了谋求政治上的发展辞职离开了福特公司，当上了底特律的市长。人们认为，成功并不能满足亨利的欲望，相反加剧了他的偏执、敏感和暴躁的独断专横。

1918年12月31日，埃兹尔年满25岁，他继任父亲的职位成了福特公司的总经理。事实上，公司成了福特家族的工业，亨利则退居幕后。当时曾流传着这么一个笑话：如果埃兹尔说明天可能是晴天的话，那么城里的人马上就会问：“这莫不是亨利发布的天气预报吧？”

埃兹尔表面上十分能干，而且很得人心，但事实上他根本无法摆脱父亲的阴影，他本质上软弱，优柔寡断。反过来，亨利则企图使他为家族和公司坚强起来。做父亲的坚信，人只有在遭受创伤、刺激和剧烈攻击后才能获得力量，而埃兹尔恰恰是“景况太优越了”。

为了使儿子坚强起来，亨利力图给埃兹尔使用坚强疗法。例如，埃兹尔在鲁日工厂让人制作了一种新型的焦炭炉，亨利表面上同意了，但实际上炉子刚建好几天，他就下令把炉子毁掉了。有一次，埃兹尔计划给拥挤的会计部门搬迁办公室，亨利见状，第二天就解雇了多年来忠心耿耿为福特公司效力的男女会计们。

这时，啼笑皆非的埃兹尔只好逆来顺受。过了几个星期，他背着父亲把被解雇的会计们悄悄地重新安排到其他部门。两父子就是这样，关系日益别扭，父亲越伤孩子，孩子就越不服从。

自从库曾斯离职后，克林根、史密斯被提拔到司库的位置，他一度与埃兹尔合作十分融洽，这引起了亨利的不满，于是把史密斯辞退了。接着被辞退的还有威廉、克努林。克努林离开后马上投身于福特的对手通用汽车公司的复兴改造，他把自己最出色的管理技术贡献给了通用公司，后来对福特公司造成了巨大损失。甚至亨利越来越无法容忍周围那些具有独立思想和个性的人，就算老搭档也不例外。

任何事物都一样，物盛则衰。福特的T型车也一样，随着人们的生活物质水平的提高，他们不再对廉价而又土里土气的旧式福特车感兴趣了。销量的下降，使得福特公司首脑的话题总离不开T型车的前途。但是固执的亨利实在不愿对赖以发迹的T型车改进。有一天，埃兹尔又试图与父亲讨论产品更新换代的问题，“埃兹尔”，亨利突然叫道，“住嘴！”然后扬长而去。

围绕着T型车的生死存亡，父子之间的矛盾日益激化，这实质上是一种新旧事物的斗争。1927年12月，福特公司的新产品A型车终于开出了工厂。T型车的停产虽然导致了一场几近全国性的萧条，成千上万的工人失业。但新车的出现，再次给社会带来了繁荣，福特公司还是以价廉质优的新车战胜了竞争对手。但事实上，福特公司并没有完全解决管理层的危机问题。

由于埃兹尔感到自己在公司缺少发言权，他逐渐把兴趣转到其他方面，在20世纪20至30年代，他成了北美最为著名的艺术鉴赏家和赞助人。另外，埃兹尔还转向了金融证券业的投资。可惜时运不佳，30年代初期的全球性经济大危机，遭受打击最惨重的首先就是证券股票市场。亏损使得埃兹尔走投无路，他不知如何向父亲解释和求助，因为他离开了老家，选择了与父亲不赞成的那些朋友交往，所进行的冒险投机同父亲最崇尚的实干原则相悖。

亨利历来不主张经营股票，所以在危机袭扰之际，他比别人处于更有利的地位。他出资解救了埃兹尔，但却没有解救底特律的银行业。从此，这个美国中西部的金融中心不复重现，它今天仍给人一种人口稀少和空荡的感觉。

20世纪30年代初期，是资本主义世界面临危机的最黑暗时期。经济萧条迫使数千名工人举行示威游行，他们要求取消“快速工作法”，实行6小时工作制，免费医疗，这支争取工人权利的队伍朝鲁日河工厂冲击时，遭到了军警的镇压，工人的死难撕开了亨利是工人的朋友的外衣。1933年7月，度过了他晦暗的70岁生日。眼见一系列失败，亨利拒绝把汽车王国交给埃兹尔。为了维护他的帝国，他瓦解了埃兹尔的权力机构还不算，还重用了恶棍哈里·贝内特为首的“服务部”那帮管制工人的打手，他成了名副其实的亨利·福特一世。

面对高潮迭起的劳资纠纷，埃兹尔还是不同于倔强的亨利，他坚持要与工会组织和谈，以免受到美国最高法院的起诉。亨利屈服了，他寄希望于工人对他一生苦劳的信任和感恩，以为工人会投票赞成他取消工会的方案，结果遭到意想不到的惨败。他一生从未如此感到失望，1941年春季后，亨利元气大伤再也没有得到恢复。

劳资纠纷的危机过去了，亨利就把屈从于工人的失败迁怒于埃兹尔。他先是赶走了埃兹尔最得力的助手、推销经理杰克·戴维斯。第二次世界大战爆发，埃兹尔已宣布福特公司要接受为英国生产罗尔斯—罗伊斯牌飞机发动机的合同，但突然被亨利打断了交易。屡经冲突，埃兹尔黯然神伤，由此而一病不起，那时“二战”已进入白热化阶段，工作的紧张压迫感，加重了埃兹尔的胃溃疡，1942年5月26日，49岁的埃兹尔比年近80岁的亨利先行离开了人世。

此时此刻的福特汽车王国，颇有点类似封建帝国倾覆之前的状况。专横固执昏庸的亨利，根本不肯相信儿子会死去，他坚信自己的医院能挽回埃兹尔的性命。后来在埃兹尔的葬礼上，亨利只是当着众人的面平静地说道："就这样了，努力工作吧，加倍努力。"

亨利的独生子死了之后，公司马上展开了一场争夺总裁候选人的斗争。令福特家族震惊的是，亨利竟偏向埃兹尔的劲敌，只会溜须拍马，对业务一窍不通的哈里·贝内特。福特公司在二次大战末期，由于管理层的老化，腐败和重重矛盾，公司的产量已急剧下降，地位已落后于通用汽车公司和柯梯斯—赖特公司，但它仍不失为"民主国家的军火库"，福特公司对战争的贡献有吉普车、装甲车、运兵车、卡车、坦克等，更使其名声大振的是设在迪尔本柳树溪的大型飞机制造厂。因此，美国政府十分重视福特公司的管理层的人事变动，如果公司因年迈体衰的亨利昏庸，大权落在腐败分子和赌手说客手中，其前景不堪设想，福特家族为避免大权旁落，也联手展开了反击。

1943年8月初，经美国海军部长亲自特批，海军少尉小亨利·福特（他与祖父同名）荣誉离开武装部队，回到底特律的福特公司接任父职，这就是当今仍驰名于世的亨利·福特二世。

福特二世在青少年时代，也同其他富人子弟一样，才智平庸，是个善于花钱玩乐的花花公子。据说他在耶鲁大学读书时，由于交不出期末考试论文，花钱请人代笔，结果交卷时把收款发票夹在论文中交上去了。自然，开始时，亨利对他也不抱希望。然而，埃兹尔的儿子远胜父亲的不凡之处，就在于他从祖父身上继承了知人善任和坚强勇敢的个性。

在祖母和母亲等人的支持下，福特二世先是谋取了公司执行副总裁的职务，接着他便网罗回父亲埃兹尔的得力助手。这些逼人的攻势使哈里·贝内特渐渐败下阵来，他只好拼命向昏沉的亨利求援，结果求援的电话被老福特夫人切断了。

1945年9月20日，亨利一世召见了孙子，宣布退位的决定。但是孙子却不领情，他声称要能够放开手脚进行改革，他才接手，两人当时为此还发生了争执。

奇怪的是，祖父并没有改变传位的决心，这也许是他从孙子身上见到了自己期望的素质。当知道福特二世将出任公司总裁，马屁精哈里·贝内特打来电话向敌人道喜。

后来这位亨利的宠臣回忆道，谁知“这小子对我像魔鬼一样狡黠狠毒”。因为，刚登上总裁宝座，第二天福特二世就解雇了哈里·贝内特。

下午，福特二世带着保镖驱车来向祖父报告他执政后的第一项举措，他担心祖父会砸他的脑袋。然而，亨利对此反应却十分平淡。他说，“唉，哈里从哪里来，又回到哪里去了。”

人们常说，“人之将死，其言亦善”。也许，亨利在吞下自己亲手酿的苦酒之后，终于从孙子有魄力的作为中得到了慰藉。1947年4月7日，亨利一世告别了世界。他在生命的最后时刻被时代抛弃了，但他的孙子福特二世却从任性的祖父手中挽救和发展了这个汽车王国，而且在1987年获利达46亿美元，成为世界上创利最多的公司。

1995年，福特公司收购了中国江铃汽车公司的部分股权，在国内外引起了轰动。这表明亨利·福特的精神和创立的制度还在影响着世界，他的成败和荣辱，也为后人留下了不少宝贵和可资借鉴的教训。

王永庆 苦斗一生未有穷期

20世纪，一位农家子弟成为台湾工业的传奇人物。

他从不名一文到亿万富豪，从不识“塑料”二字的外行到赫赫有名的塑料博士、“世界塑胶大王”，在世界化工行业，在台湾，他都是一个家喻户晓的传奇式人物，他的奋斗历程传遍了全世界。

他就是台塑董事长王永庆。

从米店小伙计到“台湾工业之父”，王永庆一手整合了台湾石化产业上下游链条，并发展到如今的电子材料、汽车、钢铁等诸多产业，探索出了一条民营企业跨国扩张的道路。

让这位“经营之神”时常遗憾的是，他早早失去了接受良好教育的机会，因此他很重视人才培养。不过，他虽有众多子女，但却没有安排好身后谁来接班的问题。

90高龄的他逝去后，台塑未来何去何从，给这个世界留下一个巨大悬念。

在当今和平与发展的世界主流中，亚洲四小龙的崛起，改变了往昔世界经济的格局，尤其是华人的实业成就更令世人瞩目。基础实力一贯薄弱，历来被欧美视为“东亚病夫”的中国人，能在世界的实业富豪中占有一席之地，不仅欧美人要刮目相看，就是海内外的华人，也都无不感到由衷的自豪和骄傲。这表明，中国的文明没有走入绝境，它与西方文明巧妙地结合，同样能绽放出绚烂夺目的花朵。那么，在现代企业经营中，如何在逆境中崛起，洞察社会人生玄机的中华智慧是什么？这恐怕却是个不易回答的问题。在当今的华人巨富中，王永庆已是个极为引人注目的焦点人物，如果，我们认真剖析一下他成长致富的经历，也许就能找到一些解开上述奥秘的答案。

王永庆是公认的台湾首富，他所掌握的台湾塑胶工业股份有限公司及其相关企业，总资产高达新台币一千多亿元，他每年捐赠社会事业的款项一般都在数千万新台币，1985年甚至高达一个亿。对待钱财，王永庆说过这么一句话：“假如有一天钱赚得够多了，你就会感觉到钱实在是没有什么用的。”

巨富通常都舍命惜金，而王永庆为何发此感慨？从他的身世来看，钱的确是“生不带来”，死当然也不带去。王永庆1917年1月18日生于台北新店镇直潭里。王永庆祖父辈一贫如洗，王永庆发迹后，有人穿凿附会地说，其祖父无意中被葬于新店的猴湖之“猴穴”，所谓“一葬六十年空”，即子孙要穷困六十年后才会发迹。

事实上，贫困是王永庆天赐的财富，也是他获得成功的代价。王永庆的父亲是个茶农，祖父曾经告诫后人说，家乡的茶山总有天会变成废山，因为茶树种于山地，要清除杂草，必然导致水土流失，天长日久，斜坡山地就会只剩石头，所以靠茶为业是没有出路的。与此同时，家庭的贫苦已使少年的王永庆深受创伤和警醒。在王永庆上小学三年级的时候，父亲病倒在床，一家生计全靠母亲种菜、种番薯、养猪来维持，王永庆则一边读书，一边看牛赚几毛钱补贴家用。终于有一天父亲不忍拖累家庭，独自走到晒菜场一角的榕树下要上吊自杀，好在被及时发现救下。当时的一家人悲伤难过到了极点。

人说“穷人的孩子早当家”。王永庆稍微懂事，就常跟母亲到附近的双轨台车道去拾捡木材和碎煤块，好的拿去卖钱，差的留着自用。家里的锅台上，一滴猪油都是宝贝，王永庆家人常年吃的青菜几乎都不放油。勤俭持家，吃苦耐劳，计算家用，这种生意上的基本功，对于王永庆来说，则是自幼从现实学来的本事。

王家祖辈贫困，祖父却以教书为业，知书达礼，王永庆可谓深受其惠。如果他也像许多穷孩子那样是个不受教育的文盲，恐怕其后来的生涯又是另一番天地了。王家对教育很重视，王永庆7岁时就进了新店的国民小学读书，所以他的同学都比他大几岁甚至一倍。

也许是半工半读的缘故，王永庆的学业并不好，对书本知识提不起兴趣，所以他的成绩总是排在最后十名中。成名后的王永庆当然对此表示遗憾，他说除个人因素外，自己的成绩不好与缺乏环境的引导最有关系。他不像有的学历不高的名人那样，刻意贬低学校教育的重要性。以王永庆的孩子为例，他不仅让他们接受良好的教育，还尽量让其出国留学接受锻炼。王永庆的长子王文详，13岁就被送到英国伦敦留学，在班上经常被外国同学欺侮，有时被打得遍体鳞伤，但王永庆并没有因痛惜而把孩子接回，王文详只好“置之死地而后生”，努力学习中国功夫，结果反败为胜。

王永庆这样做，是从过去的痛苦经历中找出有价值的东西，而不是怨天尤人。读小学时，王永庆上学的路途就有十公里，上学前，先要到附近的水井提十多桶水，把家中水缸装满。放学时，还要扛数十斤饲料回家喂猪，他总是穿着打满补丁的破衣衫，赤着脚，头戴斗笠跋涉在乡间小路上。

殖民地时代的台湾，饱受日本人盘剥的人们连一份苦力的差事也不易找。15岁时，王永庆就离开家了，到台湾的商业重镇嘉义闯天下去了。

王永庆商旅的起点，是米店的小伙计。能挣口饭吃，对于自小就食不果腹的王永庆来说，算是难得的美差了，所以他格外珍惜。他的勤快和细心，不仅端好了饭碗，也为自家经商立业学到了窍门。

一年之后，王永庆以父亲借来的200元钱做本，也在嘉义开了一家小米店。16岁的王永庆就懂得，要在竞争较多的同行中取胜，唯有在米的品质和服务上苦下功夫。当时的米中普遍含有杂物，卖家也不注意筛选，买米的人也习以为常。精细的王永庆就从筛选米粒下手，将米中杂物清理干净之后才卖给顾客。与此同时，他改被动服务为主动服务，就是免费给顾客送米上门。在送米的过程中，他都准确地记下顾客家食米的用量，此后就做到当顾客吃完米之前的两三天把米送到。而且，他把收款日定在顾客的发薪日，收款都比较顺利。这样一来，王永庆的生意当然就蒸蒸日上了。为此，他要比别的米铺付出更多的劳动。王永庆的态度是薄利多销，卖一斗米才赚一分钱，即使如此，王永庆还是随叫随到，风雨无阻。

营业额增大了，雄心不已的王永庆立即把自己的米店扩大成为碾米厂。他开始与附近日本人的碾米厂展开了竞争。从设备等条件相比，王永庆都处于劣势。王永庆的办法是勤能补拙，他的米厂每天都要比日本人多干4个半小时。另外，还尽力节约成本。各人每天碾米都要弄得一身白灰，日本人要花3分钱洗热水澡，王永庆想，每天省3分钱，就等于多收了3斗米的利润，所以他不管严寒酷暑，都是在室外的水龙头洗冷水。铁打的毅力和身体就是王永庆经商致富的法宝。到了1941年，王氏碾米厂的业绩已超过了那家日本碾米厂。然而，日本侵华战争给中国人民带来了深重的灾难，在1942年，因无米可碾，王永庆的碾米厂也只好关门。

战争期间经商实不易为，所以王永庆先是以十年经商所得置了一些田产，又将一部分用于在嘉义开设砖厂。砖厂的经营并不成功，不到一年就关闭了。接着，王永庆又改做木材生意，由于经验不足，很快又弄得血本无归。后来，人们戏称这段时期为“塑胶大王的头痛期”。

一个人一生都难免要犯错误，问题则在于人需要的是总结经验教训，避免重犯错误。王永庆是做到了这一点。他认为，经商的成败，取决于企业经营领导的方法是否得当，而非取决于员工。并且，失败不可怕，只要忍耐坚持进取，必有壮大发展的一天。所以，王永庆并没有放弃木材生意，他因商业服务信誉赢得了资助，他就是在一个搞汽车货运的朋友的持续资助下，才重新在木材业中站稳了脚跟，并从此奠定了事业腾飞的基础。

“二战”后，台湾的光复为王永庆带来了前所未有的机遇。饱受战祸的台湾可说是一片废墟，基础建设为第一复兴要务，建筑业的繁荣，使王永庆的木材业蒸蒸日上。他坚持经商的信用第一，放款收账的条件宽，使人觉得他很好打交道，这样一来，客户多，朋友鼎力相助，所以在王永庆而立之年的1946年，其资本已达5000万元。

王永庆今天号称“塑胶大王”，可是在经营之初，他不仅颇费周折，还延误了不少投产的时间，若无敢于坚持的胆略和远见，恐怕也就没有今天的台塑实业了。

1951年初，为了给资金寻找出路，王永庆与合伙人赵廷箴去拜会工业会化工组的严演存主任，要求投资塑胶工业，结果谈及技术业务的问题时，两人一问三不知，严演存当然把两人“礼送出境”。可是，王永庆并不是那种知难而退的人，此后，他便勤奋学习，除了订阅书报，他还勤作经济信息的分类剪报，以便随时查考。过了一年，他再度会见有关人士时，已成了塑胶方面的专家。

1954年，台湾当局得到了美援巨额资助，便制订了第一期四年经济建设规划，其中包括纺织、水泥、塑胶等计划。塑胶方面，当局原委托有化工经验的何义负责，但何义以投资前景认识不足，设厂计划拖了近二年都没有着落。之后到国外考察，何义竟认为搞自行车和机车工业要远比塑胶原料的前景好，因而宣布放弃该投资项目。与此同时，王永庆也在向当局申办轮胎企业，但交涉一直没有着落。这时何义的退出给王永庆带来了转机，台湾“经安会”主持人尹仲容推荐申办轮胎企业未果的王永庆接手塑胶工业，最初众人反对，主张公营，但尹仲容力排众议，王永庆才得以顺利接手。他当时的心情是病急乱投医，东方不亮西方亮，做了再说。

摸着石头过河，这就是王永庆创办台塑的开始，可说是困难重重，涉及资金缺乏、技术落后、原料缺乏、市场狭小诸多方面问题。王永庆的台塑工业公司就在这种背景下上马了。

1957年3月，台塑工业公司正式投产，月产量是100吨。可是当时的台湾需要量仅为15吨，而且塑胶粉所制成品质量低劣，如雨衣一穿即破。所以从3月到年底，台塑生产的塑胶粉一吨都卖不掉，库存堆积如山，王永庆山穷水尽，骑虎难下，他只好去求救于尹仲容。

尹仲容指出，要求活路，必须打开外销的广阔市场。王永庆做了过河卒子，只好拼命向前了。他没有限产压缩库存，而是扩大生产规模，以此降低成本，同时扩建了一座加工厂，为塑胶粉找出路。

1958年，台塑工业公司的月产量已增至210吨，翻了一番多。成本虽然降低了，但是比起日本翻5番的产量，公司还是缺乏竞争力。王永庆并未知难而退，他犹如加足马力的火车头，再次大规模扩充增产，当时人们都认为增产三成比较保险，可是王永庆决心增产近六成。其结果是成本大幅降低，销量激增，公司终于度过了覆灭的危机，也为台湾塑胶工业的滞后赢回了时间。

塑胶粉产量激增，王永庆紧跟着扩建二次加工生产厂。由于技术设备落后，王永庆不惜让利引进外资，长期以来仅赚取廉价的海内外工资差额。王永庆这种薄利经营以求生存发展的做法，与他开米店的经营思想同出一辙，一旦坚持到底，必有出人头地的一天。

台塑工业公司经过多年的惨淡经营，在1960年后终于获得转机。进入70年代，台塑工业公司的营业额已突破十亿美元，这标志着它已跻身于世界一流大企业的行列。

王永庆能由一个原本对塑胶一无所知的外行，转变成一个塑胶霸主，这本身就是一个奇迹。他的成功一是要靠当局者及其财政的有力支持，更主要的还是取决于其高超的胆略和管理经营智慧。王永庆的远见卓识就表现在看准时机，义无反顾地干。远在1973年，看到世界石油危机已暴露出塑胶原料严重缺乏的问题，王永庆看准美国的原料充足，且比台湾便宜，即决心进军美国投资建厂。1982年底，王永庆以1950万美元买下了亏损累累的美国JM塑胶管公司下属的8个厂，不到一年就扭亏为盈。他在美国休斯顿组建了世界最大的塑胶工厂，也从根本上解决了多年来台湾原料缺乏的严重问题。王永庆有何妙方能轻易战胜美国人？那就是对问题一追到底，千方百计节约降低成本。

“追根究底”的方法，在日本的企业管理中叫“原流方法”，日本人认为提高经营效益，必须要做到凡是遇到问题或发生异常，都要加以深入分析，溯其本源，才能真正解决问题。王永庆在管理中不仅以追根究底著称，而且还时常问倒日本商人。例如，有一次在洽谈进出口贸易时，台商问日本人说：日本蔬菜比台湾贵十倍，日本何不从台湾进口蔬菜呢？日本人则说：日本已在用温室生产蔬菜，产量大，若今后不够，再考虑从台湾进口。王永庆则反问：温室能生产多少蔬菜，它成本有多高，你知道吗？结果日本人只好承认自己考虑问题不周。

要说降低成本，王永庆自己就指出，长期以来，台塑

工业公司的总利润中，95%是来自无休止地改善绩效，否则，60%以上的分厂就要亏损。例如，台塑高雄厂原用柴油为燃料，为了节约能源，大家动脑改用重油，结果一个月就节省了1000万新台币。再如，王永庆成立台湾第一支化学船队，从海外运回的原料，每吨运费立马比原来降低了60美元。此类降低成本的例子，可说是不胜枚举。

王永庆讲效率甚至到了令人啼笑皆非的地步。1980年，时报文化出版公司曾约请了45位教授，将中国古代经、史、子、集的45本经典改写成白话文本，以供青少年读书参考，书稿写齐，就请王永庆对这套书谈点意见。王永庆很直率，直接就说一个教授要花一年时间写一本古籍白话文本，这未必能把道理阐明，时间周期与效果恐怕有限，这样还不如集思广益，合45位教授写一本，既快又好。此言一出，众皆哗然。

诸葛孔明事必躬亲，弄得积劳成疾，英年早逝。王永庆也有此遗风，但他却健康长寿。人们说王永庆不像个卓越的董事长，却像一个令人激赏的厂长，就是指他事无巨细都要管，大至银行贷款，小至工作地点之间的交通时间表，他都一一过目。当然，他这种眉毛胡子一把抓的作风并没影响效率，而且也与他个人坚强的体魄和过人的精力有关。据说，从1978年开始，一贯坚持锻炼的王永庆改习长跑，每天清晨4点起床，不论刮风下雨，严寒酷暑，岛内海外，甚至生病，他都未中断过晨跑，这种超人的毅力，连鬼神都佩服。

王永庆经营实业的成就，在70年代就名扬天下了，1975年，美国圣若望大学为表彰其业绩而授予他荣誉博士学位。而且王永庆并不像许多暴发户那样，一改初衷而成为挥金如土的阔佬，他最看不惯的还是奢侈浪费，对台湾的腐败风气深恶痛绝。所谓“其身不正，虽令不行”，王永庆总是从自己做起，他的节约到了吝啬的地步，如一条毛巾，一用就是27年。台塑工业公司的一个信封可以用30次，招待访客一般是白开水。

要说王永庆唯一的奢侈，那就是娶了三房太太。发妻无子嗣，长年念经拜佛。二太太则忙于照顾大堆子女儿孙。常与王氏相伴的是其所谓“红粉知己”李宝珠。李宝珠的精明能干自不待言，而王永庆为了掩饰其“英雄难过美人关”的弱点，也在公开场合极力称赞李宝珠是个“坚慧的女人”，是帮助他“起家兴业的后盾”。

毫无疑问，王永庆的功成名就，既是世界的风云际会使然，也是其个人努力的结果，此外，也不难看出中华文化对其产生的重要影响。他的家产庞大了，就不得不考虑到继承人的问题。常言说："富不过三代。"王永庆也十分遗憾地说道："天下事，什么都可以做得出来，唯独子女教育，没有办法做，这是自然的。上帝创造上，有好就有坏，有兴就有衰。"

尽管如此，王永庆还是尽可能地严格教育培养子女。以他的长子王文详为例，留学英国，曾获化工博士和企业管理硕士管多项头衔。但是王永庆并没有授儿子以企业的管理大权，而且是先让他从基层干起。王文详先在美国的化学公司工作三年，以积累宝贵的投资分析和制作设计的实务经验，后来他又参与台塑在美的投资建厂。五年后回台湾，王文详就到台塑分厂南业塑胶从生产二科科长干起，逐渐升任生管组长、厂长，又根据其业绩，提为事业部的副经理。与之可比肩的儿子还有王文渊。

要说打破惯例，王永庆违背自己一贯的用人标准，就要数五女儿王瑞瑜的任职了。长庚医院是王永庆为纪念先父王长庚而捐资20亿建成的慈善医院，1984年，王瑞瑜刚从美国念完企管学位回台，就马上被任命为长庚医院院长特别助理，按台塑集团的制度，单位主管的助理，往往就是主管的接班人。王永庆一贯鼓吹公司是社会的，用人唯才，当权者要一步步从基层干起，而王瑞瑜则坐了“直升机”，难免令人议论纷纷，人们认为王永庆之举有违公平与合理，必定会影响其经营效益，值得三思。

王永庆不仅要面临传统家庭观念与现代思潮的冲突，还面临着更为重要的挑战：经商如“逆水行舟，不进则退”。多年来，台湾与日本的贸易逆差总额在数十亿美元之间，原因就是产品质量和价格在日本市场上无竞争力。王永庆承认，尽管台塑工业公司在销售上作了许多努力，可要让日本人真正做到合理的妥协，那也是极为艰苦的过程。然而，台塑工业公司的前途只有外销竞争，后退就是死路。

另外，台塑工业公司不能像日本三井、三菱集团那样形成一个跨行业的企业集团，这不能不说是王永庆心头难去的隐痛。人们指出，王永庆办企业有他的限制，做起轻工业及石化工业，无人不夸，他确有过人之处，可是他为何不敢投资重工业呢？只要看看台塑工业公司投资机械齿轮的艰难运营，这就明白了。

王永庆旗下的齿轮厂是1981年投产的，由于受到日本进口齿轮压价二三成的打击，工厂一直处于亏损状态，五亿元的投资可谓损失惨重。有人曾从命相对此加以解释，说王永庆属木命，所谓“金克木”，自然他经手机械工业都难免失败。不过，王永庆自己却是从主观上找原因，他认为台塑工业公司在追求管理合理化方面有缺陷，尤其是人事管理制度不够好。可见，有自知之明的王永庆感到，台塑工业公司与三井、三菱财团相比，也不过是小巫见大巫，症结就在于“人治”色彩太重。

三菱财团中的岩崎家族，今天可谓是名不见经传了，但三菱的事业却越做越大，可见其制度还在发生作用。相形之下，台塑工业公司有王永庆在一天，业绩就很好，他不在，企业就有些乱了。例如，1985年，王永庆亲自督阵产业组，该组可谓虎虎生威，王永庆一出台湾，这个台塑工业公司的核心幕僚就军心涣散了。可见人治实为台塑工业公司最大的危机。

王永庆何尝不想拓宽经营项目，为资金寻找更好的出路。1983年，台塑工业公司就宣布要在花莲设立工业区，筹建年产600万吨的现代化水泥厂。工业区内要筹建发电厂、水泥袋制造厂、废水处理厂、人造石墨电极厂、机械制造厂等配套设备。但消息一传出，便引发了一场持久的“水泥争霸战”，支持台塑者认为工业区建成将对花莲区的繁荣是个莫大贡献；反对设厂者，是以水泥工业污染性强为由，指称这将严重破坏花莲的自然生态环境。最后是由当局裁决，以保护自然资源的理由否决了台塑工业公司的筹建计划。知情者则认为，这是垄断台湾市场商界的14家水泥厂商的合纵胜利。

一时的挫折，并不能阻拦王永庆拓展业务的雄心。几乎与此同时，台塑工业公司开始进军自家从未经营过的电子工业，这对王永庆来说的确需要莫大的胆略来接受新挑战。从石化业跨向电子行业，在经营的基本观念，产品特性以及市场的客户需求，都有明显的差异，台塑工业公司能否对自己的经营管理作迅速的适应性调整，能否在一个大企业集团中包容不同的企业文化，那都是人们拭目以待的现实后果。王氏之子王文渊代表台塑工业公司作出的宣言即称：“艰苦经营是我们一贯的信念，我们有信心接受一切的挑战。”

1985年，台塑企业的新行业，耗资8亿的东南亚第一座全自动化电路板厂正式投产。其他与此相关的生产厂家也在积极地筹建中。

80年代，是东亚汽车工业奋起直追欧美的大好时机，今天的日本和韩国可谓是独领风骚。当时的台湾实业界已看到这个机遇及其前景，曾敦请王永庆出任筹建的大汽车厂董事长。对汽车行业并不熟悉的王永庆，经过权衡，还是答应下来，他知道，只要汽车业启动，就会带动机械工业，而后者则为工业之母，随汽车工业的腾飞，将会产生促进各种相关产业的发展。因此，执掌董事长之职，他认为自己义不容辞。令人扼腕的是，大汽车厂案因种种原因而胎死腹中，这使台塑工业公司又失去了一次在重工业大显身手的机会，“塑胶大王”也没有成为更为显赫的“汽车大王”。

像王永庆这样的富商，其成功的基本信条是吃苦耐劳和节俭，但是他回报社会的捐赠又极为慷慨，如1986年，王永庆就给台湾社会捐赠了一座价值七亿八千万元的体育馆。有鉴于此，台湾的有关人士就建议王永庆放弃其私人企业的继续扩充，将其余生奉献社会，由官方出资，让王永庆去开发几个重大的投资计划，以其经营奇才为大众建成几个名符其实的现代化企业。王永庆当然是不会去接受这种“社会乌托邦”的梦想。

有人曾问他，至今已功成名就，为何还要努力拼命工作。王永庆回答：“这是一个社会责任的问题。”工作就是为所有的投资股东负责。因此，面对未来的竞争挑战，王永庆说：“现在工业发展到这个地步，高科技愈来愈重要……企业家要更用心……我也是很害怕，真的，不赶上去不行。”

台湾的生产成本越来越高，投资环境每况愈下，台塑工业公司要拓展生路，促使王永庆早就把目光投向祖国大陆市场。大陆资源丰富，劳务价格低廉，而且是世界潜在的最大销售市场，凡属精明的世界著名企业家，没有不为之动心者，何况是两岸骨肉同胞，血浓如水，台塑工业公司投资向大陆市场大进军，可谓相得益彰，何乐而不为。然而，由于台湾当局的种种限制，台塑工业公司虽多次到大陆考察投资环境，也作出过种种设想计划，可是直至今日，这种大规模的投资计划仍然未能付诸现实。

面对汹涌的世界潮流，鬓发斑白的王永庆有许多富强之梦，也抱有许多遗憾，他认为自己崛起之初，社会经济落后，机会多，赚了钱后投资再赚钱很容易，发展到今天竞争如此激烈，类似他的先例已难再现。因此，今天个人赖以生存之道，是学问、知识和技术，年轻人尤要脚踏实地，不可好高骛远，只要认真努力干好每一行，总会有雄图大展之日。

王永庆学历不高，他时常遗憾自己早早失去了接受良好教育的机会，但他一再告诫青年要努力学习，尤其是要将理论知识和现实经验相结合，其思想与日本盛田昭夫的主张完全是相通的。

不过，王永庆与日本人在经营思想上却有一个明显的不同之处，那就是对关系企业的看法。他说，关系企业要向银行借贷款倒是方便，可是于经营而言，并没有什么优点，因为关系企业要统一管理实在不易。可见，台塑工业公司之所以今天仍无法形成像“三菱财团”那样的实业群体，恐怕就与王氏这种基本看法有关。

王永庆还认为，台湾企业之所以规模小，尚无法同外国企业相比，其中与人才的培养不足密切相关。

王安　智者千虑，必有一失

王安可谓是华人世界的奇迹，他创立了美国最优秀的公司之一——王安公司。

王安生于江苏昆山。他的求学之路一帆风顺：1945年赴美留学，在哈佛大学攻读应用物理学博士学位。1948年加入霍华德·阿肯的“哈佛计算实验室”。创业后更是一鸣惊人，1951年，王安离开哈佛大学，以仅有的600美元，创办了王安实验室（Wang Labortories），在电脑界迅速崛起，堪称天之骄子。后成为“电脑大王”、美国五大富翁之一。

然而，世间的事很难预测。他遭遇了IBM

这一蓝色巨人，“既生瑜何生亮”的情结，这让王安电脑公司的发展顿时受到制约。双方对峙数十年。

天有不测风云，人有旦夕祸福。几乎与王安患上癌症绝症的同时，由于对公司发展方向的判断也出现失误，王安公司每况愈下，任人唯亲的“家天下”管理模式，使这个电脑帝国最终走上了穷途末路。

王安公司在他的继承者的领导下，还能东山再起吗？

1984年，美国《福布斯》杂志每一年度的全美十大富豪名单又亮相了，美籍华裔电脑大王王安赫然荣登第八位，这一消息震动了世界。可说是迄今为止，科技实业界的华人，还从未有人取得过如此辉煌的成就，这对于一个赤手空拳，只身来到美国闯天下数十年的华人学子来说，其路之艰辛漫长，其成功之不易，非常人所能道全和想象。然而，一年后，王安的名字就从十大富豪的名单上消失了。1985年，传来王安电脑公司首次亏损数亿美元的消息，更有甚者，在王安去世后的两年，庞大的王安公司即宣告破产，继而向联邦政府提出破产保护。王安电脑王国的形成是极为缓慢的，但王国倾覆之快，着实令人出乎意料，只要了解王安电脑公司的来龙与去脉，人们无不为之扼腕叹息。

王安成长于乱世，1920年出生于上海昆山。做小学英文教师的父亲，为了祈福平安，特将他取名为“王安”。王安天性聪明，读小学就连跳三级，他的年幼和自信在同学中也就成了众矢之的，经常成为大同学围攻殴打的对象。自强不息，斗智不斗力，不屈地以荣誉去战胜对手，这就成了王安与生俱来的天赋。

然而，王安也有一致命的缺陷，他在班上是闻名的“数学神童”，这对他将来从事理工学习和研究无疑至关重要，可他对历史、地理等要求记忆的课程却毫无兴趣，成绩也自然不尽人意。成名后的王安对此遗憾地说，“我厌恶的不是这些课程的内容，而是那种枯燥无味的教学法。”显然，学习的经历对一个人的一生是有深远影响的，王安不注重从理性的经验吸取有益的教训，而是凭兴趣感性地去驾驭事物，难免会埋下隐患的伏笔。

王安后来追忆，自幼对他产生重大影响的信条，还是儒家思想，那是他祖母孜孜不倦教诲的结果。如他的节制、耐心、权衡、决断乃至社会责任感，他都认为是来源于儒家思想的熏陶。

到了1929年，9岁的王安以第一名的成绩考取昆山公立初级中学。可是不久，天才的神话就破产了。王安的理科成绩拔尖，但文科成绩一塌糊涂，几乎被学校除名，通过补习和补考，他才顺利读完了初中。

这位极为自信的少年俊才，在中学时代就喜好博览群书，尤其是讲述自然科学的书籍，更是令他爱不释手，日后立志要创造发明的雄心就是由此萌发。凭着雄厚的根底，1932年，王安顺利考入了著名的省立上海中学。

省立上海中学之所以极负盛名，首先是它的师资一流，校长是留美的教育家，学校使用的全是用英语编写的美国教科书。年仅13岁的王安就开始在该校接受美国式的教育。16岁时，他考入素有“中国麻省理工学院”之称的上海交通大学，5年后毕业于该校电机工程专业，并留校任助教。

20岁的青春年华，本来正是大干事业的好年纪，可是抗日战争的烽火燃遍了神州，国难家仇，激发了无数的热血青年投入抗日的行列，王安也不例外。他和部分同学南下广西，先后在桂林、柳州为政府军队设计制造发报机和各种无线电设备。王安等人在艰苦的环境中，只有通过空邮报刊来了解当时世界无线电技术的新进展，他就在此时知道了美国的国际商用机器公司，即IBM。IBM在二战中已发展成为世界开发高科技产品的急先锋，这促使雄心万丈的王安想：有朝一日能到美国领略新科技日新月异的潮流，那才不枉做一名真正的电信工程师。

抗战的离乱，日军的空中轰炸，使与千万中国人共赴国难的王安饱受战争的创伤，他多么渴望能有一个和平安宁的环境来静心从事造福于人类社会的科学研究。历尽五年的坎坷，王安终于如愿以偿。战争的最后一年，日寇已成强弩之末，这时，王安在重庆考取了国民政府资源委员会派赴美国留学的高级工程师培训生。1945年4月，在硝烟弥漫的战火中，他离华赴美，准备学成归来参与中国战后的重建，谁知这一别竟达30多个年头！

初到美国，王安本想到电信公司进修两年就打道回国。谁知一个意外的侮辱改变了他的后半生。IBM公司他慕名已久，能进这家公司深造，他心愿足矣。谁知，IBM公司的招聘人员一看到矮小的王安，根本就不相信中国人能搞电信科学，他羞辱了王安一番，还叫王安到汽修厂去混碗饭吃。

王安气不打一处出，他留给IBM公司的一句话，就是“中国人总有一天会让你知道他的厉害”。

公司进不了，那就到大学研究生院去碰碰运气吧。哈佛大学是在二次大战后崛起的世界一流大学，王安永远感激哈佛研究生院破格录取了他。王安也永远感激上海交大，因为哈佛大学相信上海交大培养学生的质量。在短短的3年内，王安顺利地取得了物理学硕士、博士学位。

1948年，国民党在大陆的政权已土崩瓦解。善于审时度势的王安，决心还是留在美国静观时局的变化。为了谋生，他先进了哈佛大学的计算机实验室当研究人员。

王安能进哈佛的计算机实验室，可谓造化不小，当时的计算和科学还是一个崭新的领域，也是最高度的军事机密。例如，哈佛由IBM资助研制成的“马可一号”巨型非电子计算机，在战时就处理过许多绝密情报。要研制新一代计算机，就是要加快它的运算速度和缩小其笨重的体积。早在1946年，美国的宾州大学已研制成第一台电子计算机“埃尼亚克”，尽管它还是一个“超级巨舰”，但发明都已预言：“电子计算机是未来的浪潮。”事实如此，二战后，IBM研制成功的电子计算机已经走上了实用阶段。就是在哈佛的实验室，王安结识了“电子计算机之父”普雷斯伯·爱克特，这使他终身难忘。要赶上巨人的步伐，为时未晚。

计算机的性能如何，取决于它的存储及取存速度，因而电脑的存储器犹如自动车的心脏发动机，如何改进开发存储器，一直是电脑专家奋斗不息要攻克的目标。

王安初到哈佛的实验室，就接受了研制新型存储器的任务。当老板艾肯博士询问道：“你准备用多长时间找到一种可以不通过机械运动记录和阅读磁存储信息的办法，也就是用电读出磁信息呢？”初生牛犊不怕虎，有着丰富物理功底的王安，凭直觉认为自己能攻下这个堡垒，他当即夸下海口，说一个月可拿下这个课题。顿时，实验室的人都为他捏了一把汗，以为王安只能自食苦果，因为言而无信就要被炒鱿鱼。

前人为改进存储器，不知使用了多少方法，什么真空管、穿孔卡片、阴极射线管，效果皆不理想。王安的思维则与众不同，他首先要解决的是存储器的设计理论问题，既然传统的理论设计走不通，何不来个逆向思维，抛弃过去，另走一条峰回之路。

经过20多天的苦思设计，王安终于有了电子计算机存储器的新设计，即利用磁通量高速记录和重写信息的磁芯存储器。那时候，王安的博士导师有一天在校园内，看到一贯沉静的王安在手舞足蹈，导师想：这家伙一定是在研究中获得了什么重大的突破了。的确，王安的发明后来被誉为电子计算机发展史上的一次异乎寻常的革命，他研制的磁芯存储器优质稳定，一直沿用到60年代后期才被新发明取代。而年仅29岁的王安，1949年就成了电子科学界的一颗耀眼的明星，被誉为“电脑天才”。

然而，成功也带来了遗憾。王安并没有进一步发掘这一重大成果在应用方面所提供的各种可能性。而麻省理工学院的弗雷斯特博士在王安设计的基础上，将之改进为效率更高的矩阵磁芯存储系统。不久，IBM公司便推出了震动世界的磁芯储器计算机，IBM既雄服市场，也因此赚取了惊人的利润。

快到而立之年，王安偶遇了同乡邱文蔼女士，她是美国韦斯利学院专攻英国文学的学生，不久，两人喜结连理。当时，王安一心想的还是从事电脑研究，可是哈佛研究所的宗旨断送了他的这一前途。因为哈佛的方针规定，技术研究一旦取得重大突破，发展成熟到商业应用的程度，它就要中止该部门的研究。王安为此闷闷不乐，聪明的妻子却劝他去申请发明专利，以此作为将来发展的基础。

就在申请专利的过程中，王安遇上了年轻的律师马

丁·柯克帕特里克，他后来成了王安公司的得力干将。在马丁的有力协助下，专利申请很快就批准下来。可是，王安却因此在哈佛的实验室引起了轩然大波。原因是老板艾肯博士历来反对申请计算机技术专利，主张设计成果共享，一个专职的科研人员，应当是只问耕耘，不问收获。王安当时的举动，无异于是出卖耶稣的“犹太”，是拿自己的饭碗开玩笑。然而，美国是块强者生存的土地，付出勇敢智慧的代价，就必有收获。对王安的举动艾肯博士只是耸耸肩而已，他知道自己剪不断王安强健的翅膀。事后，同事们对王安破天荒的英勇举动，都佩服得五体投地。

1951年，富有开拓精神的王安离开了哈佛的实验室。凭着他的技术和智慧，王安要在美国一流的大公司谋个职位，可以说易如反掌。但是，他喜欢自由自在，不受别人控制。他决心成立公司，做自行研制销售电脑技术产品的企业。当他的招牌“王安实验室”一打出，许多朋友都认为这不是一种明智的选择。

600美元的资本，租来的200平方英尺的空房，加上桌椅和电话，肩负着一家老小生计的王安公司开业了。征订单发出去了，三个星期还不见回音。王安夫妇有点心虚了，600美元赔了不说，工作早辞掉了，往后的日子怎么过？正在心焦之际，第一个订货电话打来了！此后，王安每天能卖出4个磁芯，他高兴得像个小孩，跟妻子用可乐为16美元干杯。这样一来，走小路赶往“罗马”的王安，就有机会喘息下来，潜心研制开发那些被大公司忽略的小型实用电脑。到了1952年，王安用存储磁芯、移位寄存器、逻辑电路和显示器，研制出了各种新型的实用装置，并在无线电工程学会的展览会上崭露头角，获得了大批订单。开业不到一年，王安就净赚了3000多美元，已大大超过了哈佛大学实验室的薪水。他更加雄心勃勃，又把积蓄投入了扩大再生产。

在美国这种商业竞争极为剧烈的社会，王安天才的锋芒很快就被电脑霸王IBM公司盯上。IBM先是在专利局公报上获悉了王安的发明专利的潜在价值及其可能给IBM商业竞争带来的威胁，其后便采取了精心策划的压价收买专利的活动。

1956年3月，经过旷日持久的讨价还价，涉世未深的王安，为了筹集资金以利公司的生存发展，忍痛与IBM公司签订了发明专利的转让协议书。这是他第一次败在IBM的手上。而IBM从王安手上夺取这项专利后以此创造的价值都不可估量。

在50年代的创业中，可以说王安公司始终面临着拓展业务与资金不足的矛盾。有一次，为了筹集资金，王安公司与规模较大的沃纳·斯沃西公司建立伙伴关系，为此而付出了公司25%的股权，而那家公司以5万美元投资，随王安公司股票的迅速升值，竟赚回了1亿美元的利润。这一惨重的代价，再次使王安刻骨铭心，他逐渐变得更加冷静、周密和成熟。然而，王安要走向霸主之路，路途还相当遥远。

50年代末期，电脑界的许多公司已看准了电脑照相排字印刷系统的广阔前景，跃跃欲试者不计其数，结果都因其难度大而碰得头破血流，包括不可一世的IBM在内。唯独美国电脑印刷设备公司的威廉·加思想法与众不同，他熟知王安在生产实用计算装置方面的突出成就，于是就想出了一个借鸡下蛋的奸计，假意同王安公司合作，以攻破照相排字系统的难题，然后再把王安蹬开。他开出的条件是，设计研究由王安公司负责，电脑印刷设备公司则负责产品的推销，利润分配则待机器制造出来再行商定。怦然心动的王安想，即使对方不负责推销机器，合作破裂也不会对王安公司造成威胁。

王安与加思的合作一开始，可说是相得益彰。加思提出改进意见，王安则全力拼搏设计研制，不久，他推出了独特的半自动版面校正排字机，名之为“林纳赛克”，一投放市场，即以其价廉、高效、物美的品质横扫欧美市场，在1966年度的财务报表上，王安公司的销售额第一次超过了100万美元。连IBM公司也不得不惊呼：“王安将是我们未来最强劲的对手！”

这时，加思冒出来拆台了，他向王安宣布，他决定自行生产“林纳赛克”。王安顿时目瞪口呆，他虽然拥有专利权，但加思拥有生产这种机器而不付提成费的权利。

上当，又是一次上当！王安后来痛心疾首地说：“商场的弱肉强食，尔虞我诈，不能不防，对手的确是太狡猾了，我造出了机器，可是没有自己的销售网，也根本没想到要贴上‘王安公司’的商标去推销产品。”后悔是没有用的，重要的是要继续奋斗。

进入20世纪60年代，计算机商业竞争日趋激烈。这时，仙童公司已发明了集成电路技术，它把若干个晶体管集结在一片芯片上，从而使计算机技术由电子管时代步入了晶体管时代，磁芯存储器必遭淘汰。由此，DEC、IBM等公司纷纷角逐新型计算机的研制。表面上看，王安公司是落伍了，但是中国人的智慧使他很快就找到了突破口。他看到，当时的充斥市场的新型计算机的共性就是笨重陈旧而不实用，任何设计者都没有研究出一种能进行复杂运算、同时又不需要这么大的计算能力和存储容量的机型，这必然导致价格昂贵和效率不佳。看准了这一致命伤，王安及时地想出了对策。

高深的数学功底，使王安想到了利用组合法机对数的最佳设计，结果在1964年，他设计推出的“洛赛”计算机，立即轰动了展览会。当时门罗公司的程序总设计师绞尽脑汁，要破译“洛赛”计算机是怎样求对数的，却始终一筹莫展。所以许多工程师都说，这简直是一个天才的发明，它足以让IBM的狂人羞愧得无地自容。王安这项发明带来的效应，就如《华尔街日报》等传媒所说的“洛赛必将成为计算机市场上横扫千军的拿破仑”，王安公司从此有了独自的市场。

“洛赛”的成功，可说是王安智慧与“客户至上”思想结合的产物。那么，1966年，王安公司推出的300型台式计算器，则是公司员工群策群力、集体创意的结晶。马丁·米勒是王安公司一位不懂电子技术的专业会计，他喜欢摆弄“洛赛”，但用起来相当困难，他的意见促使王安想到：没有学过计算机的人要远多于专家，如果能开发出供这些人使用的计算机，市场不就更大了吗？王安不仅说干就干，适时推出了更先进实用的300型电脑，还表彰奖励了献策献力者，号召员工以不断进取创新的精神来发展王安公司。到了1967年，公司的营业额已骤增至600万美元。

生产规模的扩大，公司的经营管理方式也应发生相应的变化。1967年，王安公司的得力干将乔·内斯特，在全美建立了公司的销售网，接着又在英国、比利时，以及香港等地区建立了公司的国际办事处。

公司要扩大经营规模，就需要资金，募集资金最易行的办法，就是把王安公司变成公开招股的股份有限公司，用挂牌出售股票的方式来筹集资金。王安再次以全部家当抵押，到市场上去赌一把“险”。

事实上，后劲十足的王安公司，早已成为华尔街金融巨头钟情的“女神”，他们使用的王安电脑债券交易程序，是破天荒的得心应手。所以，王安公司股票一上市，公司的市场资本就马上增值了七倍，而且，它还继续被市场炒高。公司不仅发了大财，王安还巧妙地从控股25%的沃纳-斯沃西公司的手中购回了19%的股本，从而割去了公司的一个“肿瘤”。到了1970年，公司的净资产已达7900万美元，王安家族拥有64%的股份，他自然成了拥有5000万美元的大富翁。

有人从面相上看王安，说他仪表堂堂，中年的造化锐不可挡。此话颇也符合事实。从50年代初开始，单枪匹马的王安到了70年代，可说是如日中天，其间虽屡经风浪，但皆能逢凶化吉，有惊无险，50岁就成了千万富翁，一个电脑王国的帝王，说一不二，而且还可以同树大根深的IBM一决雌雄，这从王安本人的聪明才智来说，那是当之无愧的，但是也离不开时代环境为他提供的机遇。

那时候的王安，运筹帷幄，可说是得心应手。进入20世纪70年代，是计算机软件发明争雄的时代，审时度势的王安排除一些大股东的短视干扰，当机立断收购了没有什么资产，但却具有雄厚软件技术开发力量的菲利普·汉金斯公司。

手下有了大批人才，如何驾驭人才使之脱颖而出，则又是一门艺术了。王安还是采用艾肯博士的做法，给公司的编程专家们传达了竞赛的命令，结果天才的哈曼德·科普洛雄居榜首。正是他率领公司的专家，研制出王安700型计算机，它的功能要远远优于风行一时的惠普公司生产的HP9100机，而后者已几乎抢占了王安电脑的全部市场，公司因此而再次化险为夷。

然而，好景不长，1971年，充斥市场的计算机开始暴跌，另外，著名的英特尔公司成立不久，法罗门博士就发明了“开创集成电路新纪元”的新型存储器（EPROM）。王安叹息到：该放弃自家生产计算器的传统方式了，若不急追研制大规模集成电路计算机的新趋势，恐怕公司很快就要关门大吉了。

生产经营转型，这是极痛苦的脱胎换骨，许多人都一时无法理解，与王安力争的人就包括后来担任公司总裁的约翰·坎宁安。“置之死地而后生”，背水一战！王安下了决断。

公司重起炉灶，要获生机只有推出更好更新的机型。王安公司上下只有全力投入紧张的研制，1972年底，王安公司把2200型计算机推向了市场。用户惊叹：又是一种价廉物美的小型计算机！王安公司再次成为竞争的执牛耳者，王安的预言也使公司内部的大员不得不佩服，称之为“上帝的预言”，因为后来继续生产计算器的公司，都弄到了破产的地步。

面对竞争挑战，不断创新进取，这就是王安公司的取胜之道。1978年，这又是一个关键的年头，王安公司推出的WPS文字处理机，已经完全取代了IBM的产品，成为世界上最大的供应公司，并在世界各地拥有50000多家客户，这标志着王安称霸电脑行业的一天即将来临。在完全可达到与IBM抗衡地步之前，王安还将面临一次巨大的冒险。

通常，任何企业的扩展，都会遇到资金周转不灵的状况，正所谓“逆水行舟，不进则退”。王安公司募集资金的出路只好再次选择出售股票的方式。但在如何既能筹到资金，又能保住控制权的问题上，王安可说是绞尽了脑汁，面临着重重困难。后来，他发现了美国证券交易所的规则利于他的设想，即王安公司推出了仅有1/10表决权的B级普通股。规避最有名望的纽约证券交易所，而到美国证交所上市，就可能会在资金市场上为可能筹获的资金付出更大的代价。因此，为了守成和使原有的股票保值，许多大股东纷纷反对王安的冒险决策。王安又陷入了孤家寡人的境地。“不成功，则成仁”，王安还是行使了52%的股东否决权，他声称：与王安公司命运攸关的事，我说一不二！

幸运之神再度垂青王安，美国证交所的王安公司股票和股价不仅没有下跌，且一直名列成交量前茅。可见该公司的经营业绩已获得了广大投资者的信赖。

从此，王安公司集中了更雄厚的财力、人力，不断设计制造出新产品，它的成本低廉，性能优良，领导了电脑业的新潮流。进入80年代，王安公司终于以锐不可挡之势把最强大的对手IBM挤出了市场，美国最忠实的IBM大客户，这时都换上了王安公司制造的办公室自动化装置。以1981年6月推出的新产品为例，它具有影像扫描，可将任何文字、图像、图片转化成电子信号储存起来的功能，加上价廉，款式新颖，从而再次引起市场的轰动。直至

1984年，王安公司的营业额已达到了21.5亿美元，盈利2.1亿美元，公司遍布全球，雇员达到3万多名。这是王安公司真正的“帝国黄金时代”，王安也随之成为亿万富翁，电脑王国中的帝王。

为了表彰王安杰出的成就，美国电子协会向王安颁发了最高成就奖。在1984年的美国《福布斯》杂志公布的美国富豪名单上，王安荣膺“华人第一，全美第八”的美誉。莘莘学子，赴美奋斗了30多年，可谓霸业成矣。

常言说，“创业难，守成更难”，这千百年的古谚，不幸又在王安帝国身上应验了。王安公司的威胁，最先是来自东方的日本人。在自由市场竞争的环境下，具有团队奋进精神的日本人几乎可称天下无敌。80年代，当日本人占领美国的电视机市场之后，马上挥师直逼电子高科技市场。就是在这种新形势下，1985年，王安公司不仅丢掉了日本计算机市场，其海外市场也频频告急，营业额直线下滑，年度结算已亏损数亿美元。这种突如其来的打击，标志着王安公司在步入崩溃。它也说明这个一流的公司，的确缺乏全球战略眼光，小看了日本人。

智者千虑，必有一失，突遇惨重的挫折，也暴露了王安公司内部管理体制的种种弊端。公司的实业及其经营规模扩张过快，并非王安一个人所能鞭及，公司需要更多的“王安”。但是，王安并没有培养出更多的各路大将。他曾一度最信任最得力的干将坎宁安，本是执掌前台帅印的最佳人选，但由于受到内部的倾轧排挤，加上王安的猜疑，最后被赶出了公司。坎宁安成了福特二世的“艾柯卡”，他与王安从此恩断义绝，反过来就成了王安公司发展的死敌。

不久，坎宁安当上了著名的苹果电脑公司的总裁。他对付王安的第一个办法，就是先挖走王安最得力的人才。所谓“唇亡齿寒”，像坎宁安这样的功臣也被赶走，谁不胆寒，所以挖人这一招极易奏效，王安一下失去了一批左右手，只好大骂坎宁安无赖。

王安公司可谓一波未平一波又起，这是来自家庭内部。王安有两名爱子，从小他就悉心培养孩子的自强自立能力。无奈他却无法制造促使自己成功的环境：苦难、压力和折磨。在美国这种花花世界，两个孩子还是西方化了，就在王安公司陷入危机之时，两个儿子竟为一个女人争风吃醋而大打出手，闹得满城风雨。

1985年，王安公司风雨飘摇，内部纷乱，丑闻哗然，其宿敌IBM瞅准给王安公司致命一击的机会到了。为此，IBM公司高层精心策划了几个方案：第一，与最好的微软公司合作，开发出最新产品IBMOS/2，重新夺回被王安公司占去的市场；第二，想方设法断王安的财路，与证券大腕密谋压低王安股价，让银行切断其信贷；其三，是刺探王安公司的商业核心机密，尽可能破坏王安公司的销售网。

事实上，IBM公司使出的所有狠招，虽给王安公司不小的打击，但都不致命，王安公司仍在奋力前行。王安先后巡视了他散布在世界各地的分公司和办事处，改革整肃了混乱的局面，并进一步调整销售策略，以改变不利的销售局面。王安公司的股票价格在1987年还一度迅速地回升反弹。然而，王安毕竟老了，他无法再适应风起云涌的计算机新潮流，他过去能与IBM争雄，靠的是技术。今天王安公司的亏损一直没有得到根本的扭转，输的还是技术。可是王安组织手下的智囊研究对策时可说是江郎才尽，一点得力的措施也拿不出来。王安在痛定思痛之余，才真正感觉到，IBM之所以能屹立不倒，关键是它借助了一流的比尔·盖茨微软公司的软件技术，而今后计算机技术的领先，则是取决于卓越的软件，这一点恰恰是王安公司的致命弱点啊！眼下唯一的出路，就是力争与第一流的比尔·盖茨合作。然而，比尔·盖茨却拒绝与王安合作分一杯羹。

失去合作伙伴，就意味着多了一个竞争对手。在四面楚歌的境地，王安在公司高干会议上检讨了自己的错误，他承认目前的危机，完全是因为自己为了暂取优势而背上的包袱，导致了丧失竞争力，也放弃了时刻为用户需求服务第一的设计原则，结果让DEC等公司钻了空子，让苹果电脑等公司占据了个人与家用电脑的市场。公司要生存下去，只有争取及时拿出具有战略意义的竞争产品。

这次会议后，王安公司再次实行脱胎换骨法，对原有产品实行彻底的改造，全力研制自己的具有网络兼容性质的电脑。1987年，王安公司的新产品迷你型电脑问世了，它融合了比尔·盖茨公司和英特尔公司的最新技术，在性能、速度等方面皆比DEC的优势产品略胜一筹，价格也更便宜。可是，王安都在生死攸关的产品宣传广告战上不敢孤注一掷，以致错失了重新崛起的良机。

面对着公司仓库积压的大量产品，王安一下苍老了许多，他是67岁的人了，人生已无所眷恋，只是公司走到这步田地，他感到实在无脸见人。就在1987年8月的一天，王安写下了遗书。他不愿亲眼见到银行来查封公司，当他正要朝公司最高的阳台走去时，长子王列给他带来了意想不到的好消息：王安公司的电脑产品在香港和大陆市场走俏！顿时，王安激动得老泪纵横，整个总部也沸腾起来。随之，银行收回了成命，各地分厂又重新加速生产，证券交易所的王安公司股票也急剧反弹。

经两年的失败挫折打击后，王安终于走出低谷，又重新加入了世界的电脑争霸战。美国政府也不以成败论英雄，就在王安面临困境的1986年，他被评为全美最杰出的12位移民之一，获里根总统亲自颁发的“自由奖章”；1988年，王安又发明磁线记忆圈而被荣幸选入美国发明家名人堂，与伟大的爱迪生、福特等人并列，永世受到人们的景仰追怀。

从王安曲折的经历，我们不难看出电脑业这种高科技竞争的惨烈，一招不慎，即会满盘皆输，连还手的机会也没有。经长期的积劳，挫折的痛苦折磨，王安始终还是付出了健康的代价，1990年，他因患癌症医治无效，在美国去世，享年70岁。

早在1986年，王安就把长子王列推上了公司总经理的职位。然而，王列也无回天之力。王安去世后，公司并没有像他期望的那样在走出低谷后重新崛起，而是每况愈下，直到1992年宣告破产。从王安的意图来看，他是想父传子，表明他还有根深蒂固的中国传统“家天下”思想，他还是过高估计了儿子的能力，这一点，同日本的三井、三菱财团的做法可谓大相径庭。他千方百计融入美国社会，一次就资助哈佛大学3000万美元，有“波士顿施主”的美誉，麻省综合医院、波士顿大都会文化中心等机构，都分别获得过王安数百万美元的捐赠。可是在公司的经营管理上，他还是没有能跳出“家天下”的狭隘圈子，做到选贤任能，唯才是举，完全采用自由市场化的现代企业管理机制，这不能不说是一个很大的遗憾。王安公司后来的结局自然也在情理之中。